少年读全景中华上下五千年

③ 魏晋风骨

廖志军◎编著

四川教育出版社

·成都·

图书在版编目（CIP）数据

少年读全景中华上下五千年. 3，魏晋风骨 / 廖志军
编著 . — 成都：四川教育出版社，2021.10
ISBN 978-7-5408-7787-3

I. ①少… II. ①廖… III. ①中国历史—魏晋南北朝
时代—少年读物 IV. ① K209

中国版本图书馆 CIP 数据核字（2021）第 185034 号

SHAONIAN DU QUANJING ZHONGHUA SHANGXIA WUQIAN NIAN 3 WEIJIN FENGGU

少年读全景中华上下五千年 3 魏晋风骨

廖志军　编著

出 品 人	雷　华	
责任编辑	任　舸	
责任校对	周代林	
封面设计	路炳男	
版式设计	闫晓玉	
责任印制	田东洋	
出版发行	四川教育出版社	
	地　　　址　成都市黄荆路 13 号	
	邮政编码　610225	
	网　　　址　www.chuanjiaoshe.com	
印　　刷	德富泰（唐山）印务有限公司	
制　　作	闫晓玉	
版　　次	2021 年 12 月第 1 版	
印　　次	2021 年 12 月第 1 次印刷	
成品规格	188mm×245mm	
印　　张	9	
书　　号	ISBN 978-7-5408-7787-3	
定　　价	168.00 元（全 6 册）	

如发现印装质量问题，影响阅读，请与本社联系。总编室电话：（028）86365120
编辑部电话：（028）86365129

三国纷争
青梅煮酒论英雄

两晋十六国
胡汉对峙争天下

动荡南北朝
多少楼台烟雨中

少年读全景中华上下五千年 3

—— 魏晋风骨 ——

三国纷争///青梅煮酒论英雄

约公元184年~公元280年

◎看世界／罗马塞维鲁王朝建立　　◎时间／193年　　◎关键词／塞普蒂米乌斯·塞维鲁

东汉末年，爆发了著名的黄巾大起义。起义被镇压后，阶级斗争转入了低潮，但东汉统治集团内部外戚和宦官的斗争却愈演愈烈。就是在这样一个风雨飘摇的乱世中，董卓走到了历史的前台。中平六年（189），董卓领兵进京，尽揽东汉军政大权。他行废立之事，使得东汉政权摇摇欲坠。

约公元184年～公元280年
//////////三国纷争//////////

董卓乱政

下，以笼络人心。从此之后，董卓不断得到擢升，累迁广武令、蜀郡北部都尉、西域戊己校尉，直至并州刺史、河东太守。黄巾起义爆发之后，无力控制时局的东汉朝廷欲倚仗素有威名的董卓率军平叛，便让他任中郎将，率兵镇压黄巾军。但是此次征讨以失败告终，董卓败于黄巾军之手，朝廷下旨免去

积蓄实力，闻达乱世

董卓，字仲颖，陇西临洮（今甘肃岷县）人。他虎背熊腰，孔武有力，身怀绝技，精通骑射，名噪一方，并且素有心计。年轻时曾游历羌地，想尽办法结交羌族的头领。只要是有羌族头领到他家做客，他都热情款待，大摆宴席，所费甚巨。羌人认为董卓身手不凡，而且为人仗义，慷慨大方，纷纷前去投奔。没过多久，董卓便在羌人中享有了极高的威望，愿意为他效力的羌人也越来越多。在交好羌人的同时，城府颇深的董卓也没忘记笼络当地的汉族权贵。他结交汉族豪门大族，网罗了很多鸡鸣狗盗之徒，大肆扩张自己的势力。

汉桓帝末年，董卓因武艺出众、才智兼备被推荐出任羽林郎。后来，他以军司马之职随中郎将张奂征战并州，凭借军功升为郎中，朝廷赐他九千匹细绢，以资奖励。董卓将这些细绢统统分赏给部

◀董卓像

东汉末年，民间广泛流传着一首民谣："千里草，何青青；十日卜，不得生。"歌谣中的"千里草""十日卜"合起来是董卓的名字，"何青青""不得生"则深刻地表达了广大民众对董卓的憎恨，可见董卓的残暴。

184年

〉〉〉张角病死，其弟张宝指挥大军与汉将皇甫嵩决战失利，黄巾起义失败。

其中郎将之职。

董卓被免职的这年冬天，战乱又给了他一个东山再起的好机会。汉灵帝中平元年（184）冬天，韩遂等人在凉州起兵反叛，几万羌胡骑兵一路高歌猛进，势如破竹，直指京师。手足无措的东汉朝廷被逼无奈，不得不再次起用董卓。此次董卓不负朝廷重托，大败羌胡铁骑。值得一提的是，当时朝廷共有六路大军一起迎击羌胡军队，其中五路大军均败于羌胡之手，损失惨重，只有董卓一路完好无损地返回，并驻军右扶风。由此，董卓一举成名，成为东汉朝廷倚仗的重臣。但是这些并没有满足董卓日益膨胀的野心，他一面继续培植党羽，一面等候时机。

抓住时机，率兵入京

189年，汉灵帝因病亡故，刘辩在其舅大将军何进的支持下登基，史称少帝。宦官蹇硕等人见外戚何进的势力越来越大，严重威胁到自身的利益，因此密谋除去何进。但是事情败露，何进先一步动手杀死蹇硕，其他宦官心惊胆战，连忙向何进的妹妹何太后求救。何太后宠幸宦官，阻止了何进继续追杀宦官。

为了完全剪除宦官势力，何进接受司隶校尉袁绍的建议，私自召董卓等各路兵马入京，以此威逼何太后剪除宦官势力。何进命董卓等人进京，无异于引狼入室，正所谓"倒持干戈，授人以柄"，这勾起了董卓攫取大权的野心。但是这一计划被宦官张让、段珪等人知道了，他们将何进骗进皇宫谋杀了。

◀（东汉）绿釉陶楼
陶楼是东汉墓葬中常见的一种明器，按照死者生前"重楼高阁"式居室制作而成。此陶楼有四层，楼顶两端上翘，每层单檐有斗拱，造型独特，釉色莹润。

》》》曹操被任命为东郡太守，但他却称病辞官。王芬、许攸等人谋废灵帝，邀曹操共谋，遭拒。

袁绍惊闻此变，与弟弟袁术率兵杀入宫中，斩杀宦官两千余人。宦官首领张让逃脱，不知所终，汉少帝和陈留王也下落不明。

而此时的董卓已是西北实力最强的军阀，他兵多将广，野心极大，正等候时机。当他收到何进召他进京的消息时，心下暗喜。他认为此时宫中乱成一团，正是趁机夺取大权的良机，于是率军日夜兼程，开赴京师。

他抵达京师雒阳（今洛阳）近郊时，遇上了被宦官挟持出宫流浪在外的汉少帝和陈留王。董卓心下大喜，认为这是天赐良机，于是假装恭敬地对少帝行礼说："罪臣董卓，护驾来迟，望陛下恕罪！"随后备好马车，簇拥着汉少帝和陈留王，大摇大摆地进入雒阳。

趁乱弄权，祸国殃民

董卓进入雒阳后，迅速收编了何进的部队，很快又买通执金吾丁原的部将吕布，除掉丁原，吞并了丁原的部队。董卓实力剧增，不久便彻底控制了雒阳。为了进一步掌握朝廷大权，董卓欲废汉少帝，改立陈留王为帝。他召集文武百官，宣布少帝逊位，降封为弘农王，迁出皇宫；改立陈留王刘协为帝，即汉献帝。董卓自任太尉，兼前将军，后又封爵郿侯，升迁为相国，将军政大权牢牢掌控于手。他先后派人毒死了何太后和汉少帝，断了众臣让少帝复位的念头。至此，董卓通

▼（东汉）铜车马
铜车马是东汉时期的铜铸文物，与铜奔马同时出土。其设计独特、合理，寓意丰富，具有极为丰富的史学内涵。

过各种手段，最终将东汉朝廷的大权握于掌中。

董卓生性残忍，放纵部下闯入雒阳城抢夺财物，奸淫掳掠妇女。一次，董卓领兵外出，适逢二月社日，路上行人众多。他认为行人太多阻碍其策马驰骋，命士兵将街上的男子全部斩首，把妇女和财物全都抢到马车上，随后令手下将遇害者的首级拴在车辕上，谎称杀敌得胜而回。他还常常以严刑处罚朝臣，甚至淫乱后宫。他心胸狭窄，睚眦必报，使得朝廷上下乌烟瘴气，人心惶惶。

当时民间曾流传一首民谣："千里草，何青青；十日卜，不得生。""千里草"是"董"，"十日卜"为"卓"，合起来便是"董卓"；"何青青""不得生"则表示百姓急切希望董卓死去，可见百姓对他痛恨之至。不仅是普通百姓，高官显爵、豪强地主，也都对他深恶痛绝。在这种情况下，一个征讨董卓的联盟逐渐形成，伐董战争一触即发。

〉〉〉董卓入朝专权，废少帝刘辩为弘农王，立九岁的陈留王刘协为帝，史称汉献帝。

◎看世界／萨珊王朝建立　　◎时间／226年　　◎关键词／阿尔达希尔

火烧雒阳，对抗联盟

190年，袁绍、袁术、韩馥、孔伷、刘岱、王匡、张邈、桥瑁、鲍信、曹操等十几路人马齐聚酸枣（今河南延津北）同时起兵，推举袁绍为盟主。袁绍历数董卓的罪行，呼吁各路盟军勠力同心，诛杀董卓，为国为民除害。

大会之后，袁绍和河内太守王匡驻军河内；冀州牧韩馥留守邺城，负责军粮供应；豫州刺史孔伷驻军颍川；兖州刺史刘岱、陈留太守张邈、广陵太守张超、东郡太守桥瑁、山阳太守袁遗、济北相鲍信、奋武将军曹操驻军酸枣；后将军袁术驻军鲁阳。盟军从北、东、南三面对董卓构成夹击之势。

董卓在雒阳听到这个消息，起初有些惊慌失措，后来渐渐冷静下来。他接受幕僚李儒的建议，决定以物产丰盈的关中为根据地，退到长安设防，使得各路盟军对他的包围失去意义。因此，他借口雒阳不易坚守，将汉献帝和数十万百姓、臣工挟持到了长安。搬迁途中，百姓饥寒交迫，尸横遍野，场面惨不忍睹。临走前，董卓竟派人将雒阳的宫室、民房一把火烧了。雒阳城方圆二百里内的宫室、民房尽毁，昔日繁华的都城化为灰烬，到处都是残垣断壁。

董卓的恶行不仅严重破坏了雒阳城内的经济，而且损毁了各种文化遗产，很多珍贵的书籍、文物遭到毁灭性破坏。曹操曾就此在《薤露行》中写道："贼臣持国柄，杀主灭宇京。荡覆帝基业，宗庙以燔丧。播越西迁移，号泣而且行。瞻彼洛城郭，微子为哀伤。"

在董卓撤退的过程中，汇集在酸枣周围的讨董盟军却大多作壁上观，各自打着自己的小算盘。部分诸侯派兵出战，也因与董卓军实力悬殊，战败而回。不久，联盟内部出现了分歧，各路军队相互间产生了摩擦，甚至大打出手。盟主袁绍无力控制局面，只得听之任之，讨董联盟最终土崩瓦解。董卓也得以继续作威作福，百姓也只能生活在水深火热之中。

▶董卓火烧雒阳城

190年，袁绍、孙坚等人兴兵讨伐董卓。董卓挟持献帝迁都长安，并焚烧雒阳宫室、官府和民居，强迫数十万百姓随迁，致使雒阳周围二百里内荒芜凋敝，人烟绝迹。

〉〉〉曹操带领五千人于己吾县（位于今河南境内）起事，号召各诸侯讨伐董卓。

曹操是中国历史上争议颇大的人物，他有勇有谋，才华出众，求贤若渴，知人善用，凭借其运筹帷幄、决胜千里的智慧，成为三国诸雄中最杰出的人物之一。但他生性多疑，阴险无比，心胸狭窄，嗜杀成性。关于曹操，东汉名士许劭曾有一句著名的评论："治世之能臣，乱世之奸雄。"

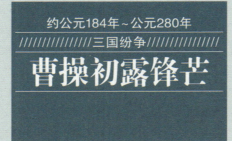

约公元184年~公元280年

///////////三国纷争///////////

曹操初露锋芒

机智聪颖，个性不羁

东汉末年，皇帝懦弱无能，宦官、外戚交替专权，统治阶级内部斗争激烈，统治日趋腐朽，平民百姓深受豪强地主的剥削，生活在水深火热之中，流离失所。整个社会乌烟瘴气，政局不稳。曹操就出生在这样的乱世。

曹操，字孟德，小名阿瞒，沛国谯县（今安徽亳州）人。他自幼聪颖，少年时期爱好飞鹰走狗，喜欢到处游玩、打猎等，性格桀骜不驯。

他的叔父认为他没有上进心，常常向曹操的父亲打小报告。有一次，曹操叔父在路上看到曹操仰卧于地，四肢抽搐，口有白沫，急忙上前询问，曹操说自己中风了。叔父惊恐无比，急忙去叫曹操的父亲。等曹父来时，曹操已恢复正常。面对父亲的询问，曹操答道："我根本就没有这种病，定是叔父不喜欢我，才跟您这么说。"自此以后，曹父便不再相信曹操叔父所说的话了，曹操因此更加无拘无束。

曹操这种放荡不羁、桀骜不驯的个性自然使他被排斥在当时的主流社会之外，因此他成年后并没有得到过多的关注和器重。而当以伯乐著称的太尉桥玄见到曹操的时候，却对他称赞不已，说："乱世将至，不是有济世之才的人不能救民于水火，安定天下，就看你了！"接着，桥玄又推荐曹操去见名士许劭。

当时，要想入仕途做官，需要有一定的名气，这样才有机会被人举荐或者被朝廷征召。许劭是当时有名的评论家，以识人著称，看人的眼光独到精准。他经常在每月初一发布自己对当时人物的品评，被称为"月旦评"。人们若能获得他的好评，便会身价倍增。许劭见到曹操，对他细细审视之后，评价道："子治世之能臣，乱世之奸雄。"此后，曹操名气大增。

◀（东汉）"宜子孙"玉璧

玉璧为扁圆形，透雕"宜子孙"三字，饰以蒲纹、蟠龙纹，线条刚劲有力，形制特殊，雕琢精致，是玉器中难得的佳品。

惩处恶霸，初显身手

曹操二十岁时，被推举为孝廉，而后出任雒阳北部尉，自此进入官场。

雒阳是东汉的京师，住着很多皇亲国戚、达官显贵。他们恃强凌弱，横行霸道，百姓苦不堪言，却有苦无处诉。

曹操决意严惩这些地主豪强、贪官污吏，为民做主。他刚一上任，便重申法纪，宣布禁令。他让部下制作了十几根大棒，上面分别饰以红、黄、蓝、黑、白五色，并挂在衙门左右两边。他宣布：凡是违反法纪的人都会受棍棒之刑。百姓对此多有议论，认为他只是"新官上任三把火"，做做样子而已。

除了上述的措施外，他还命人每天巡夜，有时还亲自带头巡城。有一天晚上，曹操正率兵巡夜，忽见远处出现一队人马，他拍马上前查问。带头的人是宦官蹇硕的叔父，此人倚仗蹇硕的权势到处作恶。曹操早就听说过他，正想趁此机会除掉他。蹇硕的叔父不知曹操所想，根本不将曹操这个小官当一回事，对曹操的盘问置之不理。曹操大怒，对手下说："来人！把这个刁民拿下，重打五十棍！"部下听令后，立刻蜂拥而上，将蹇硕的叔父捆起来便打。蹇硕叔父此时非常惊恐，连忙告饶，曹操不为所动，示意部下继续行刑。结果，不到五十棍，便将蹇硕叔父活活打死了。自此以后，雒阳的地痞流氓、贪官污吏再也不敢恣意妄为了。他们十分憎恨曹操，于是联名上书，要求将曹操调离

雒阳。很快，曹操便被调到顿丘去了。

黄巾起义爆发后，汉灵帝任曹操为骑都尉，让他和卢植等人一起进攻颍川的黄巾军，曹操获得了胜利。随后，曹操升任济南相。在那里，曹操再次严惩贪官污吏、地痞恶霸。当地的社会风气因而好转，史称"一郡清平"。当时全国政局不稳，朝廷又任命曹操为东郡太守，他不愿与权贵同流合污，遂托病辞官。后来，曹操又被任命为典军校尉。他在朝中眼见董卓造逆，便到了陈留，"散家财，合义兵"，组织起一支五千人的军队，准备讨伐董卓。

独力西征，虽败犹荣

190年，袁绍、袁术、张邈、桥瑁等十几路人马齐聚酸枣，正式成立以袁绍为首的讨董联盟，曹操亦在其中，他出任奋武将军，立志讨董。董卓得知消息后，决定以物产丰盈的关中为根据地，退到长安设防，并火烧雒阳城，使得联军对他的包围失去意义。

董卓西撤，各路军队却迟迟未有动作。身怀远大抱负的曹操站了出来，他说："我们结盟是为了征讨残暴不仁的董卓，救万民于水火。董卓焚毁宫室，掳劫天子，使得天下大乱。此次结盟正是除去董卓的大好时机，各位同僚为何迟迟不出兵呢？"这番义正词严的演说并未说动各路诸侯，曹操愤怒之下

▲（东汉）辟邪三足石砚

面圆形，三足。砚盖表面琢磨光滑；盖顶圆雕怪兽昂首高视，体态雄健，颇具神韵。此砚雕刻技法娴熟，古朴生动，具有显著的汉代雕刻艺术的特征。

独自率领五千兵士向成皋进发。张邈心有所动，思虑再三后调给曹操数千人马。

董卓收到曹操西征的消息后命部将徐荣领兵迎战。曹操率军抵达汴水，碰上了前来迎战的徐荣。两军开战，战鼓声响彻天际，士兵厮杀激烈。

曹军兵力不足，加上劳师远征，交战不久便露出败势，最后溃不成军。曹操骑马逃走，徐荣率军在后紧紧追赶。慌乱之中，曹操中了一箭。随后，又是一箭射来，射中了曹操的战马，此马受惊，将曹操甩下马来。后面追兵追了上来，曹操性命堪忧。此时，他的堂弟曹洪及时赶到，让出自己的马，曹操骑着曹洪的马，得以脱险。

曹操返回酸枣后，发现别的诸侯依然按兵不发，而且天天饮酒聚会，将讨董之事置于一旁。曹操还是力劝各盟军抢占军事要地，之后再分兵西进武关，包围董卓，但是这些诸侯依然不为所动。

曹操看清了各路诸侯的本来面目，于是带着自己的部队去了河内，以图积蓄力量，东山再起。他虽然在汴水之战中输给了董卓的部将徐荣，却在这次讨董之战中表现出了过人的胆识和才智，开始在乱世中崭露头角。

▶曹操兴师

190年，各路大军推举袁绍为讨董联盟盟主，扬言要讨伐董卓。然而，将领们各怀心机，并非真心讨伐董卓。曹操愤怒之下独自率军西征，虽败犹荣。

〉〉〉陶谦因病而亡。同年，刘备任徐州牧。

◎看世界／助贲王卒　　　　　◎时间／247年　　　　　◎关键词／沾解王继位

约公元184年～公元280年
//////////三国纷争//////////
挟天子以令诸侯

曹操曾在征讨董卓时孤军奋战，虽然被徐荣击败，却也从中获得了宝贵的战斗经验。初平三年（192），曹操和鲍信合力击败了青州黄巾军，将其中的精锐部队挑选出来组成军队，号"青州兵"。由此，曹操实力倍增。此后，他陆续击败了袁术、陶谦、张邈、吕布等，并在兖州建立了自己的根据地，意欲争夺天下。曹操很清楚，要想一统天下，仅有强大的军事力量是不够的，因此他把汉献帝迎到许县（今河南许昌），取得了"挟天子以令诸侯"的政治优势，从而开始了他剪灭群雄、统一北方的战争。

曹操施计迎献帝

经过多年的南征北战，曹操终于建立了自己的根据地。但他十分清楚，要想继续扩大自己的势力范围，不能只靠强大的军队，还要有强大的政治影响。这样才能拥有权威，统率各方割据势力，而奉迎汉献帝无疑是一招好棋。

汉献帝一直是一个有名无实的皇帝。自从董卓被除掉后，王允便掌控了朝中大权。为了消除后顾之忧，他不断追杀董卓的残部。那时，董卓的旧部李傕、郭汜等人驻守凉州。失去了主帅，他们惊恐万分，曾想为了保命而归降王允，可王允没答应。李傕、郭汜等人认为与其坐着等死，还不如兴兵造反。于是他们带领十万人马直奔长安，与王允、吕布率领的大军展开了激战。最终他们战胜了长安军，随后王允被斩，吕布也仓皇逃走。此后，李傕、郭汜等人掌握了朝中大权，他们统领的西凉军四处横行霸道，祸害百姓，长安百姓对

他们深恶痛绝。而李傕、郭汜等人也因争权夺势而发生了激烈的内斗。长安城遭到了战火的摧残，百姓大部分远走他乡，长安城几乎成了废墟。

此时，国舅董承等人赶紧护送汉献帝离开了血腥、黑暗的长安城。195年，汉献帝等人到了安邑，但他们觉得这里不是久留之处，几经流离，最终回到了雒阳。雒阳此前也遭受了董卓的洗劫，荒凉凄惨，和长安城没什么两样。汉献帝只得在城墙边简陋的帐篷里安身，而大臣和侍从们住的地方就更加破陋了。除了住的地方简陋外，他们还缺少粮食，因此经常吃野菜淡汤，食不果腹，这让平时养尊处优的君臣们叫苦不迭。

虽然汉献帝是傀儡皇帝，但他还是受到很多人的重视，因为他是天子，此时仍代表着国家的最高权威。况且那时不论是地方官还是朝中大臣，都普遍拥护汉王朝。正是出于这样的考虑，曹操的谋臣毛玠建议他"奉天子以令不臣"，另一谋臣荀彧也极为赞同。但是整个曹营在要不要奉迎汉献帝一事上争执了很久，大多数人都不同意奉迎天子。荀彧据理力争，坚决主张奉迎汉献帝，并提出了"奉主上以从民望，秉至公以服雄杰"的政治策略，提醒曹操"若不时定，四方生心"。

挟天子迁都许县

荀彧的话使曹操深受触动，于是他抓住了这个难得的好机会，亲率大军前去奉迎汉献帝。曹操多次拜见汉献帝，常把一些衣物食物送给汉献帝和大臣们，并好言劝道：雒阳缺少粮食和物资，

〉〉〉曹操用伏兵大破吕布，吕布、张邈投靠刘备。

◎看世界／罗马庆祝建城千年　◎时间／248年　◎关键词／哥特人进犯

而许县是个非常平静和富饶的地方，献帝要是能迁都许县，就能保住汉朝，还能过上安定的生活。此时，汉献帝和身边的大臣们也犹豫不决。他们自知已经不能回长安了，可如此破败的雒阳也不可用来做都城，而曹操又以富饶的许县和优厚的条件为诱饵劝他们迁都。汉献帝想到自己以后再也不用露宿野外，四处流浪，于是同意迁都。

196年，献帝刚到许县，曹操就命人大造宫殿，修建祭祀场所。他被汉献帝封为司空，代行车骑将军之职事，权力比其他文武官员都大。朝中事情，不论大小，都要先通禀曹操，然后才呈给皇上。曹操也开始假托汉献帝之名统领各州郡，更使自己的宿敌袁绍处处受制。

此后，许县成了新的政治中心。曹操以天子之名，抢占了大片的中原土地，还使得关中的割据势力归顺于他，因此他的势力得到了快速发展，为日后统一北方奠定了良好的基础。

▲（东汉）"建安"年款铜镜

镜面平整光滑。背面饰以佛教人物和动物图案，以及一圈文字，其中有"建安"二字。

〉〉〉曹操攻破雍丘，张邈之弟张超自杀，曹操灭张邈三族。张邈逃走，准备投奔袁术，途中被部下所杀。

◎看世界/罗马皇帝戴克优斯阵亡　　　◎时间/251年　　　◎关键词/伽鲁斯即位

刘备是东汉末年最有名气的英雄豪杰之一，也是三国时期蜀汉的开国皇帝，其登基之路充满了荆棘和艰辛。刘备少年丧父，与母亲以卖草鞋、织席子为生，因此生活非常艰苦。他不爱说话，喜怒不形于色，但志向远大。最终，他以自己的盖世英才，获得众士的仰慕，英雄豪杰纷纷前来投靠，如水之归海。他便在这些人才的辅佐下建立了蜀汉。

约公元184年~公元280年
////////// 三国纷争 //////////
刘备贩履怀大志

普通人，将来必成大业。可他担心小孩子说话没有什么忌讳，一旦惹出麻烦就不好了，因此提醒刘备说："这样的话以后千万别再说了，否则会祸及九族啊！"

刘备十五岁时，颇有见识的母亲让他去各处游学，他和同族的刘德然、辽西郡的公孙瓒一同跟着原九江太守、同郡人卢植学习，还和公孙瓒成了挚

家世没落，贩履织席

刘备，涿郡涿县（今河北涿州市）人，字玄德。据《三国志》记载，他是汉景帝的儿子中山靖王刘胜的后人，可到了刘备祖父出生时，家道已经中落了。少时，刘备就失去了父亲，他和守寡的母亲一起靠卖草鞋、织席子为生。

在刘备家的庭院里有一棵很大的桑树，枝繁叶茂，从远处看去，很像一个小车盖。幼时，刘备常和同族的孩子一起在树下嬉戏，他常向那些孩子说："有一天，我肯定能坐这个羽盖车。"听闻此事后，他的叔父刘子敬非常高兴，觉得这个孩子不是个

▶桃园三结义

东汉末年，朝政腐败，再加上连年灾荒，人民生活非常困苦。刘备有意在乱世中一展身手，张飞、关羽与他志同道合，三人遂义结金兰。刘备最大，关羽次之，张飞最幼。此后，关羽和张飞成了刘备的得力助手，他们忠心耿耿，跟着刘备东征西讨，毕生追随刘备，三人的情谊也成为传世佳话。

▲刘备像

刘备是汉景帝之子中山靖王刘胜的后代，三国时期蜀汉的开国君王，史称汉昭烈帝。本图为唐代著名画家阎立本所绘的《历代帝王图》中的刘备像。

友。因为刘备比公孙瓒稍小些，因此他就像对待兄长一样对待公孙瓒。叔父刘元起看出刘备是个与众不同、志向远大之人，就常接济他，并像对待自己的儿子那样对待他。那时的刘备稚气未脱，不爱学习，却十分喜爱骑射。

胸怀大志，乱世发迹

东汉后期，天下大乱，群雄争斗不休，都想在此乱世中创立丰功伟业，刘备也不例外。他平常不太爱说话，喜怒也很少显露在脸上，因此他显得十分稳重、精明。可只要他一说话，通常都是慷慨激昂，直指要害，让人为之动容，和他相识的人都认为他很不一般，以后一定能有所作为。刘备爱和一些英雄豪杰交往，临近郡县的青年也都争抢着依从于他。后来，刘备就结识了关羽和张飞，三人关系甚是亲密，就像亲兄弟一样。关羽和张飞成了刘备的得力助手，他们跟着刘备东征西讨，毕生都追随着刘备。

有一年，中山的大商人张世平、苏双等人携带着大量钱财去涿郡地区买卖马匹时认识了刘备。他们认定刘备非普通人，以后肯定会大有作为，就送了很多钱财给刘备。刘备用这些钱组建了一支军队，尽管军队人数很少，但却成了刘备后来成就大业的基础。

汉灵帝后期，由于黄巾军反抗朝廷，东汉朝廷就向各州郡征召兵卒，以此来铲除黄巾军。刘备也率领自己的部队加入了汉军。之后在征讨黄巾军时，他立下了大功，被封为安喜县尉。一次，有位督邮来县里办理公事，刘备想见他，可督邮的属下仗势欺人，不为他通报。刘备觉得自己受到了侮辱，就直接冲了进去，并捆住督邮，打了他二百杖，接着取下自己的官印拴挂在督邮的脖颈上，弃官逃走了。

那时，各地战火不断，朝廷急需大量将士，因此不久后刘备和关羽、张飞等人再次应征入伍，并因作战有功而被封为高唐县尉，之后又升为县令。没多久，青州的黄巾军占领了高唐县，刘备再次亡命天涯。这时，他想起了自己少时的挚友、正在担任中郎将的公孙瓒，于是就带着自己的部下前往投靠。公孙瓒向皇帝推荐刘备为别部司马。刘备后来和青州刺史田楷共同抗击冀州牧袁绍。之后，刘备立功无数，在公孙瓒的提携下，他担任了平原县令，后又兼平原相。由于刘备治理有方，

195年

〉〉〉李傕、郭汜为争夺汉献帝而反目成仇，大动干戈。此时的汉献帝表面上贵为天子，实际上已成为各方势力争夺的筹码。

▼（三国）牛拉橇铜鼓

广西壮族自治区桂平市石咀镇河口村石古岭屯出土，鼓面饰太阳纹十二芒，通体饰变形羽人纹、变形翔鹭纹，余饰波浪纹、栉纹等，鼓边饰有蹲蛙。

当地非常安定，因此军民都很拥戴他，可有一个人却非常憎恨他，此人就是刘平。刘平在郡内有些势力，因此他非常看不起曾靠卖草鞋、织席子为生的刘备，而自己为刘备所管更让他蒙羞，于是他派刺客去刺杀刘备。可刺客认为刘备是个为民为国的好官，就起了怜悯之心，不但没有动手杀人，还把事情的来龙去脉告诉了刘备。由此可见，刘备是多么受人爱戴！

不久，在乱世中拼搏了快十年的刘备终于等来了一个好机会。

代领徐州，暂得立足

194年，为了抢夺地盘，曹操以为父报仇之名袭击徐州。徐州牧陶谦招架不住，就赶紧命使者向盟友公孙瓒求助，公孙瓒命田楷和刘备率领一队兵马赶去援救陶谦。可他们二人根本无法与曹操抗衡，多次激战都大败而回。就在徐州存亡攸关之际，吕布却间接地帮陶谦缓解了危机。那时，吕布见曹操忙着攻打徐州，就偷偷地袭击了曹操的根据地兖州。曹操担心兖州会落入吕布手中，只好赶紧撤兵回去了。

曹操撤兵后，刘备觉得陶谦对自己很好，就归顺了陶谦。陶谦非常赏识刘备，还特意举荐刘备为豫州刺史，命他驻守小沛。之后，陶谦病重，他死前还向别驾麋竺嘱咐道："现在只有刘备能使徐州安定了。我死后，你们立即去请刘备来管理徐州。"陶谦过世后，麋竺等人就领着徐州的一众文武及百姓来奉迎刘备。可刘备考虑到很多现实因素，因此很长时间都没有同意接管徐州。

名士陈登劝道："现在，汉朝衰败不堪，天下大乱，你要想有什么大的作为也就在于今天之事了。徐州这个地方很富饶，人口众多，你应该抓住这个好机会呀！"

刘备则婉拒道："我这人没什么才能，根本承担不了这么大的责任，我看还是袁公路（袁术字公路）来管理徐州比较好。他家四世有五个人做了公卿，民众都很拥护他们，应该不会让民众失望吧。"

陈登说："袁公路这人太过傲慢自满，很难成就大事。徐州要是靠他可就完了。你可以不听我的劝告，将来别后悔就行了。"

北海相孔融也劝说刘备："袁公路只是平庸之辈，就算他生于权势之家，也照样成不了大事。百姓现在需要的是有识之士，他们期盼的是国家能够快些安定下来，你要知道这么好的机会可是上天给你的呀！你现在不要，将来可是要后悔的！"在大家的劝说下，刘备终于同意管理徐州。

从此，刘备终于在浊世中谋得一处根据地。他胸怀大志，意气风发，准备以徐州为基地去扩大自己的势力范围。

〉〉〉曹操攻取武平后，进军征讨汝南、颍川等地的黄巾军。

刘备几经波折获得了徐州这个大本营后，本想以此为据点，继续扩张。但由于缺兵少粮，势单力薄，没多久，徐州就成了别人的地盘。刘备被逼无奈，只得投靠曹操。表面上，曹操尽到了地主之谊，与刘备相处得也很好，可实际上他内心还是有所顾虑的。于是他邀刘备宴饮，以评论当世英豪来试探刘备。

约公元184年~公元280年
////三国纷争////
曹刘煮酒论英雄

想占领徐州；位于南方的袁术自称徐州伯，也想要拥有徐州；吕布在败于曹操后归顺了刘备，虽仰人鼻息，却不安于现状，也在偷偷地准备占领徐州。

196年，袁术首先发起了进攻。曹操为了让刘备和袁术激战，自己坐收渔翁之利，推举刘备为镇东将军。此后的一个多月，刘备和袁术一直对抗，不分胜负。这时，吕布暗通袁术，趁机突袭了下邳，并捉住了刘备的妻儿。刘备没有办法，只得妥协。此后，吕布喧宾夺主，占领了徐州，不久又与袁术闹翻，同刘备议和。刘备表面上同意，暗地里又召集了一万多兵马，准备找机会夺取徐州。没想到吕布对他并不放心，先下手为强，亲率大军来袭击刘备。刘备不敌，只得逃往许都，投靠了曹操。

刘备势单，投奔曹操

自从掌管徐州后，刘备勤于政事，用尽心力为民办事，因此深得百姓拥护。在他的治理下，徐州暂时安定下来。可刘备很清楚，这一切都是表象，有太多地方势力都在觊觎着徐州：曹操早就

天下英雄，唯使君与操耳

见刘备赶来投靠自己，曹操非常欣喜，让刘备任豫州牧，待他非常好。刘备打算去沛地征召散兵，曹操就拨了些军粮给他，还给他分配了一些将士。后来曹操亲率大军东征吕布，消灭了吕布。不久，曹操又奏请皇帝封刘备为左将军，二人外出时乘一辆车，就座时坐一张席，如此礼遇连曹操的亲信重臣都不曾享有过。可刘备很清楚，这些都只是曹操以礼待人的表象而已，要不是他对自己有所怀疑，是不会这么做的。所以，

◀曹刘煮酒论英雄
曹操在白门楼杀掉吕布后，带着刘、关、张三人回到许都。谋臣劝说曹操早日除掉刘备，免留后患，曹操虽然嘴上说："实在吾掌握之内，吾何惧哉？"心中还是有所顾虑。于是他不动声色地考验刘备，与他"青梅煮酒论英雄"。幸亏刘备机敏，才得以躲过一劫。

〉〉〉汉献帝在近臣护送下，回到
雒阳。

刘备不再显露锋芒，处处小心翼翼，尽量不张扬自己的抱负。

▲〔三国〕猫头鹰插座
湖北鄂州市博物馆藏。

史书记载，当时刘备与曹操有过一番对话。曹操对刘备说："今天下英雄，唯使君与操耳。"刘备当时正在吃饭，听闻此语，手中的筷子竟掉落于地。这足以表明曹操对刘备的重视与猜疑。明代小说《三国演义》对这段对话有更为细致、精彩的描写。

据《三国演义》记述，当时曹操问刘备："您常常出征在外，见多识广，肯定认识很多侠士英豪。您能告诉我，当今天下真正的英雄是谁吗？"刘备想了一会儿才答道："袁术雄踞一方，拥有良兵和足够的粮食，算得上是英雄吧？"曹操摇着头说道："袁术已是坟墓里的枯骨，我早晚会抓住他的！"刘备接着说道："河北的袁绍，他生于世家大族，又称雄一方，可算得上英雄？"曹操摇着头说道："现在看来，袁绍的势力还算可以，可是他这人外表强硬而内心怯懦，好计谋却没有决断，成不了大业，所以不能算英雄。"刘备又说道："刘表能称为英雄吗？"曹操说："刘表有名无实，不是英雄。"刘备说："那孙策呢？他年轻，有抱负，精力旺盛，可以被称作英雄了吧？"曹操讥讽地笑了一下，说道："他有些本事，可惜只是借着他父亲的威名罢了，不能被称为英雄。"刘备又答道："英雄要有强大的势力和声望，那益州刘璋、汉中张鲁该算是英雄了吧？"曹操听后，鄙夷地说："这些人不过是些只想守住家业的庸碌之辈而已，根本没什么抱负，怎么能算得上英雄呢？"刘备叹了一口气说道："除了这些人外，我真不知道还有谁是英雄。"曹操端起酒杯，笑着说道："要说现在天下的英雄，大概只你我二人了。"

刘备一听这话，觉得曹操对自己有了猜疑之心，惊慌之中手中的筷子掉在了地上。当时，正好天空响起了惊雷，刘备就借机拾起了筷子，并说道："这雷可真响啊，我被吓得把筷子都给丢了。"曹操说道："你可是个英豪，怎么能被雷给吓着呢？"刘备答道："天只有在发怒时才打雷，你说我能不害怕吗？"曹操相信了他说的话，认为刘备根本没什么胆识，也就不再对他严加看管了。

此后，袁术想去投靠自己的哥哥袁绍。刘备主动请求截击袁术，曹操担心袁绍、袁术二人联手会对自己构成威胁，就同意了。曹操的谋臣程昱、郭嘉闻听此事后，赶紧面见曹操，告诉他刘备有二心，绝对不能对他放松警惕，否则他会成为日后的心腹大患。可曹操不以为然。

放虎归山，终留后患

刘备率军离开许都以后，还真如程昱、郭嘉所说，在打败袁术后就马上率兵占领了下邳，与曹操形成了对峙的局面。至此，煮酒论英雄的二人正式分道扬镳。此后，刘备投靠了袁绍，公开和曹操对抗。此时，曹操才意识到自己犯了大错，他虽然独具慧眼提拔了刘备，却也因放松警惕而放走了刘备，以致放虎归山，留下后患。

又过了几年，诸葛亮出山帮助刘备建立大业。长期依附于人的刘备终于建立了自己的一番事业，在各种割据势力中崭露头角，最终得以和曹操、孙权形成鼎立之势。

〉〉〉张绣屯兵宛城，与荆州牧刘表联合。曹操南征张绣，军至清水，张绣率部投降。

◎看世界／克劳狄继承罗马帝国皇位　　　　◎时间／268年　　　　◎关键词／以蛮制蛮

约公元184年～公元280年
//////////三国纷争//////////
曹操官渡胜袁绍

曹操"挟天子以令诸侯"后，声望渐高，势力不断扩大。而这时前"讨董联盟盟主"袁绍由于不停地兼并其他割据势力，成为北方最强大的势力。袁绍和曹操之间形成了对抗之势，战争一触即发。200年，官渡之战爆发，袁绍在战争中暴露了自己不善谋略、自负轻敌的缺点，最终以优势兵力被曹操打败。曹操由此铲除了妨碍自己统一北方的最大障碍。

解围白马，对峙官渡

196年，曹操奉迎无路可走的汉献帝，并将他迁到了许县，从此"挟天子以令诸侯"，并跟北方最大的势力袁绍形成对抗之势。而袁绍出身于官宦大户，袁家四代中有五位公卿，门生旧部遍布天下，声望甚高。袁绍充分利用这些优势，采用吞并之策，铲除了幽州的公孙瓒等，占领了幽、冀、青、并四州的土地，今天的华北地区几乎都成了他的领地。接着，他就着手消灭曹操，因为他已经意识到，曹操是他统一天下的最大敌人。

200年春，袁绍率领十万兵将，自邺城起兵攻打黎阳。他首先命将军颜良渡过黄河，攻打白马，以此诱使曹军暂离官渡（位于今许昌北），接着再伺机铲除他们。此时，曹操早就率兵到了官渡，闻听袁绍正在攻打白马，就赶紧派兵前去援助。军中谋臣荀攸提议以出奇制胜之计分散袁绍的军队，可先率兵到达延津地区，装出要过河的样子，诱使袁军主力来到西边，接着再命一支轻骑兵袭击白马，让袁军没有还击之力。曹操按照他的建议做了。袁绍闻听

曹军要从延津过河，果真命大队人马赶来截击，曹操则亲自率领一支轻骑兵到了距白马十里的地方。这时颜良才有所察觉，于是匆忙出战，结果被曹军的前锋关羽杀死了。袁军失去了主将，都逃命去了。

袁绍闻知曹操已解了白马之围，还杀了自己的良将颜良，勃然大怒，立即命文丑率领六千轻骑兵做先锋，追杀曹军。曹操又按照荀攸的计划行事，把大量的粮草、武器、盔甲、马匹等丢在路边，制造败逃的假象，接着又命六百骑兵潜伏于延津南坡。文丑率领轻骑兵到了南坡，看见曹军丢在路边的东西，以为曹军已经逃走了，就命将士们顺路将这些东西拾回去。一时间，袁军都争着捡拾东西，队伍乱作一团。曹操见时机刚好，就命伏军突袭他们，袁军还没来得及反抗，就都被杀了，文丑也战死。曹操取得此战的胜利。至此，袁、曹两军对抗于官渡的局面正式形成。

▲（三国）青瓷羊舍
1956年湖北武昌莲溪寺四七五号吴墓出土，湖北省博物馆藏。此器内外施青褐色釉，为长方形五脊顶小屋，屋顶饰瓦纹。前墙正中开一门，门两侧墙上刻画网格纹。舍内立着三只羊，瓷胎灰红细硬。

〉〉〉曹操率大军进攻袁术，袁术不敌，被迫南逃至淮南一带。

◎看世界／高卢巴高达运动兴起　　　　◎时间／269年　　　　◎关键词／反抗罗马帝国

▲袁绍兵败官渡

官渡之战是历史上有名的以少胜多的战役，也是曹操与袁绍争夺北方霸权的转折点。此战之后，曹操扭转劣势，为统一北方奠定了基础。

以少敌多，等待战机

那时，袁军有十万人马，可曹军只有三四万兵马；袁军不缺粮草，而曹军粮草奇缺。倘若两军长时间这样对抗下去的话，曹军必败无疑。在曹军多次积极攻打袁军都未能取胜之后，曹操只得更改战术，挖掘深沟，垒砌高墙，守住营寨而不主动出战。

袁绍见曹军坚守不出，就让将士们在曹营外堆垒土丘，修筑高台，并命将士们在高台上俯身向曹营中射箭。曹操向各谋臣请教应对之策。谋臣刘晔制作了装有按钮的霹雳车，只要按动按钮，就会有石块飞射出来打击敌军。之后，袁军所建的高台被打塌了，袁军将士们多被飞石所伤。袁绍的谋臣审配献上一计，为了能够及时攻击曹军，他让人偷偷地挖了一条通向曹营的地道。曹操也不示弱，他命将士们挖了一条长而深的沟渠，并在其中注满水，粉碎了袁绍的计策。就这样，两方对抗了好几个月。曹军缺兵少粮，很难坚持下去，因此军心有所动摇。曹操就写信给驻守许都的荀彧，说他想撤军回去保住许都。荀彧赶紧回信，劝说曹操绝对不能撤军，他在信中说道：最先撤军的那个人会很被动，现在到了战争的关键时刻，要抓住机会，出奇制胜，绝对不能失

>>>曹操再次出兵讨伐张绣，攻占湖阳（今河南唐河西南），大破张绣、刘表联军，攻取舞阴（今河南泌阳西北）。

▲曹操夜袭乌巢

官渡之战中，曹操夜袭乌巢，焚烧袁绍军粮，显示出善于捕捉战机、决策英明、处事果断的指挥才能。

去这个好机会。所以，曹操决定先不撤军，伺机而动。

奇袭乌巢，曹操大胜

不久，大量的粮草从袁绍的后方被送到前方。袁绍命淳于琼率领一万大军押送粮草，扎营于距袁绍营地四十里的乌巢。为了防止曹军突袭，谋臣沮授献计，建议让大将蒋奇率军在外围巡逻，可袁绍没有理会沮授的提议。同时，谋臣许攸向袁绍建议，趁曹军还坚守官渡之时，派一队大军绕过官渡，突袭许都，这样曹军就会顾首不顾尾。可袁绍不以为然地说道："不，先战胜了曹操再说其他的。"这时，许攸听闻在冀州的家人因触犯法律而被捕了，再加上自己长期不被袁绍重用，因此离开袁绍投靠曹操。他向曹操建议：赶紧派将士去突袭乌巢，这样就能毁掉袁军的粮草。一旦乌巢失守，袁军就会自乱阵脚，曹军即可不战而胜。

曹操听完非常高兴，觉得这是制敌取胜的好时机，于是命荀攸、曹洪留守营地，自己则率领五千兵马，让士兵们各自背着一捆柴火，冒用袁军旗号，快马加鞭奔向乌巢。天刚亮时，他们到了乌巢，马上依计放火，顷刻间浓烟升起，火势极大。袁军见此情景，都四散而逃。

这时，袁绍见乌巢火光冲天，认为曹军可能出动了全部兵力来截取粮食，曹营内肯定没人了，就不听任何劝告，命张郃、高览去攻打曹军的营地。张郃、高览遭到曹洪、夏侯渊的奋力抵抗，两军僵持不下。这时，曹操率兵回来了。由于腹背受敌，张郃、高览见大势已去，就都归降了曹操。

袁绍不仅失去了许攸、张郃、高览等良将谋士，还失去了乌巢的粮草，导致军心动摇。许攸又劝说曹操尽快发兵，张郃、高览自荐为先锋，当天夜里袭击袁绍的大营。曹操听从了他们的建议。当天夜里三更左右，曹军兵分三路突袭袁军，此战一直打到天亮，袁军损失了大半兵马。曹操又依荀攸之计行事，分兵三路断了袁军的后路。袁绍闻听此事，惊慌失措，赶紧趁夜撤兵。曹操听说袁军要撤兵，就分兵八路直取袁军大寨。袁军已无作战士气，四散而逃。袁绍还没来得及穿上盔甲，就和他的儿子袁谭率领八百余人逃回了河北，袁军主力所剩无几。

官渡之战后，袁绍积郁成疾，不久便发病吐血而亡。曹操又花了几年，剿灭了袁绍的几个儿子，铲除了北方最大的威胁，基本奠定了其北方霸主的地位。

199年

〉〉〉张绣欲依附袁绍，后来听从谋士贾诩的建议，投靠曹操。曹操命其子曹均娶张绣之女为妻。

◎看世界／罗马皇帝普罗布斯被杀 　　◎时间／281年 　　◎关键词／卡路斯即位

曹操抱负远大，任人唯贤，因此许多才华出众的谋士来到他的身边，为他出谋划策，并最终帮助他在割据战争中脱颖而出，取得霸权。郭嘉就是这众多谋士中比较杰出的一个。他屡献奇计，在曹操统一北方的过程中起了重要的作用。但天妒英才，在肃清乌桓班师的途中，郭嘉不幸患病而亡，享年三十八岁。

约公元184年~公元280年

///////三国纷争///////

郭嘉足智惜早亡

智谋过人入曹营

郭嘉，颍川阳翟（今河南禹州）人，字奉孝。他从二十岁起隐姓埋名，秘密结交豪杰侠士，评论天下大事。后来，郭嘉入世，投奔了那时势力最大的袁绍。没多久，郭嘉就发现袁绍处事犹豫不决，猜忌之心太重，不会用人，难成大事，因此就决然地转投曹操。曹操原本就相信"汝、颍固多奇士"，因此非常看重郭嘉。此后，郭嘉提出了有名的"十胜十败"说，并提议趁袁绍攻打公孙瓒这个好时机，攻打吕布。这一计策既帮助曹操增强了势力，又使曹军不用与袁军发生激战。曹操非常认可这一计策，因此更加赏识郭嘉。

屡献奇计定北方

在辅佐曹操的时期，郭嘉多次献出奇计，一路为曹操清扫各种障碍，立下了大功。198年秋，曹操依照郭嘉的策略出兵袭击吕布。曹军首先占领了彭城，大败吕军，后将吕布围困在下邳。吕布据城顽抗，曹军久攻不下，就想撤兵。这时，郭嘉劝告曹操接着攻打城池，并提议道："吕布只会逞

匹夫之勇，如今他输了三战，士气必定受到重挫。陈宫很有谋虑，但不机敏。当下，应趁吕布军队士气没有恢复之时强攻，定会击垮吕布。"曹操依计行事，一边攻打城池，一边引沂、泗之水淹下邳。不久后，曹军真的占领了下邳，并斩杀了吕布、陈宫等人。

199年，刘备主动请求截击袁术。郭嘉知道此事后，赶紧劝阻道："将军千万不可让刘备率军讨伐袁术，刘备早就存有异心，一定会趁机兴兵谋反。"但曹操不听他的劝告，后来刘备真的兴兵反曹，致使曹操腹背受敌。曹操非常后悔，想攻打刘备，因此决定先不对付袁绍。将领们都劝说曹操多加考虑，因为他们害怕袁绍趁机来袭。在这种情况下，曹操也有所迟疑。郭嘉则说道："刘备谋反没多久，属下还不与之同心，我们这时立即发起进攻，定能战胜他。而袁绍这人一向犹豫不决，处事难下决断，等您打败刘备后再来对

▼（三国）彩绘季札挂剑图漆盘

>>>江东孙策出兵进攻庐江，击败庐江太守刘勋，扩大了自己的势力范围。

▶郭嘉献计

郭嘉（170～207），字奉孝，颍川阳翟（今河南禹州）人，曹操手下著名谋士。他"少有远量"，为了成就功业，先在实力较强的袁绍军中出谋划策，发现袁绍"多端寡要，好谋无决"后，经荀彧推荐，归附曹操。

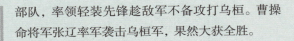

付他也来得及。"曹操接受建议，立即命军队攻打刘备，不仅大败刘备，还生擒了大将关羽。而此时，袁绍还在考虑要不要出兵攻打曹操呢。郭嘉用自己的谋略，又一次帮曹操取得全胜。

官渡之战后，袁绍病亡，他的三个儿子为争权夺势而内斗，曹操借此机会将其一一打败。此时，部将大多建议他乘胜追击，消灭袁氏兄弟。可郭嘉却指出，虽然袁氏兄弟有着很深的隔阂，但现在出兵征讨的话一定会使他们联起手来抵抗，不如假装撤军，静待袁氏的变动。果真如郭嘉所言，不久后袁氏兄弟互相大打出手，曹操趁机袭击他们，大胜而回。

袁军战败后，袁尚、袁熙逃亡到了乌桓，曹操决定率兵征讨乌桓，彻底铲除他们。将士们都觉得远征路途太远，也担心刘备等人乘虚而入。这时，郭嘉再次站出来，分析了征讨乌桓的可行性：第一，征剿乌桓能使曹操巩固在黄河以北的势力；第二，荆州刘表为人外宽内忌，嫉妒刘备的才能，倘若刘备前来突袭曹军大本营，刘表一定会阻止。郭嘉的阐述深合曹操的心意。207年，曹操率兵征讨乌桓。在与乌桓军对抗之时，郭嘉又提出"兵贵神速"的观点，建议曹操先脱离主力

部队，率领轻装先锋趁敌军不备攻打乌桓。曹操命将军张辽率军袭击乌桓军，果然大获全胜。

天妒英才惜早亡

不过，在攻打乌桓时，郭嘉不幸遭遇病患侵袭，此后硬撑着参与战事，终于在班师回朝的路上病情恶化，不幸而亡，享年三十八岁。曹操失去了爱臣，非常心痛，而郭嘉的早亡也让这次全胜有了一丝悲凉之感。

在将近十年的时间里，郭嘉一直跟随在曹操身边，他们"行同骑乘，坐共幄席"。郭嘉是难得的奇士，在曹操统一北方的进程中发挥了重要的作用。他不幸早亡，曹操深感痛心，连说："哀哉奉孝！痛哉奉孝！惜哉奉孝！"赞扬他"平定天下，谋功为高"。

赤壁之战中，曹操大败，他曾哀泣叹道："要是郭奉孝还在的话，今天就不会是这个局面了。"可见郭嘉在曹操心目中地位之高。

》》》袁术在南方失利，想投靠哥哥袁绍。曹操派刘备率军攻打袁术，但曹军尚未到达，袁术就病亡了。

北方曹操和袁绍之间的斗争如火如荼之时，南方割据势力孙策正踌躇满志，正欲称霸江东。孙策苦心经营，相继攻克一些州郡，势力不断壮大，最终独霸江东。不幸的是，孙策后来遭暗杀身亡。此后，他的弟弟孙权继承了父兄未竟的事业，承担起稳固和发展江东基业的重任。

约公元184年～公元280年

////////// 三国纷争 //////////

孙策定江东

绝世无双好孙郎

孙策的父亲孙坚曾在平定农民起义的过程中立下大功，因此做了长沙太守。之后，孙坚又加入关东联军征讨董卓，在不断征讨的过程中逐渐扩大了自己的势力。接着，他在鲁阳（今河南鲁山）碰到了袁术，被其封为破虏将军。袁术与刘表抢夺荆州时，作为先锋的孙坚大败刘表的将领黄祖，致使黄祖率兵四散而逃。孙坚乘胜追杀，没想到在途中被埋伏于树丛中的敌兵射杀。

孙坚去世后，他的大儿子孙策继承父业，继续为袁术效力。孙策长相俊美，高大健壮，虽然当时只有十七岁，却英勇善战，不可小看，人们都称他为"小霸王孙郎"。袁术交给孙策一千人马，让其统帅。孙策逐渐展露他的才能。朝中太傅马日䃅持节抚慰关东时，曾在寿春见到孙策，并奏请朝廷封孙策为怀义校尉。袁术手下的将领桥蕤、张勋也都非常赏识孙策的才华，甚至连袁术本人都经常感叹："得子如孙策，死而无憾。"

然而，袁术性情不定，并且言而无信。当初他曾允诺让孙策担任九江太守一职，可没多久就让丹阳人陈纪担任了这一职位。此后，袁术准备率兵攻取徐州，向庐江太守陆康求取粮草，没想到被陆康拒绝。袁术非常气愤，就命孙策去讨伐陆康，许诺只要孙策打胜仗就封他为庐江太守。

孙策一举攻破庐江，班师邀功时，袁术却又一次不守承诺，封自己的旧部刘勋做了庐江太守。此后，孙策对袁术渐渐有了异心。

雄踞江东，颇得人心

孙策志向远大，他想继承父亲的遗志，建功立业，可他觉得自己在袁术帐下不能发挥自己的才能，不会有大的作为。何况，袁术这人心胸狭窄，容不下别人，因此孙策千方百计想要离开袁术，另谋出路。

碰巧这时扬州刺史刘繇将孙策的舅舅、丹阳太守吴景赶出了丹阳，孙策就向袁术自请前去攻打江东，以解舅舅之围，袁术同意了。孙策就带着一队人马去了江东，并趁机开始扩大自己的领地。他沿途招兵买马，逐渐有了五六千人马。这时，他遇到了来拜访亲友的挚友周瑜。周瑜闻听孙策要发兵，就带着一队人马前来相助，还为他提供了粮草和其他物资。如此一来，孙策不仅壮大了自身的势力，还为之后称霸江东找到了并肩作战的战友。

接着，孙策率兵前去征讨刘繇。经过多次战役，击败了刘繇，夺取了他的地盘。随后，孙策还进一步占领了吴郡和会稽郡，把江东大部分地区纳入自己的地盘，自此称霸江东。

孙策统一江东后，封吴景为丹阳太守，朱治为吴郡太守，而自己则兼任会稽太守。孙策稳重谨慎，体恤百姓，治军严明，严令禁止兵卒抢夺民众的东西，干扰百姓生活。这些命令颁布后，百姓无不拍手称好，因此孙策在江东地区深得民心，声望很高。

〉〉〉刘备占据下邳，杀死徐州刺史车胄，命关羽留守下邳，自己回到小沛，随后派人与袁绍结盟，联合抗曹。

◀孙策与周瑜

孙策志向远大，一心想继承父志，做出一番事业，终于在同窗好友周瑜的辅助下，取得了很大的成就。

他骑着上等好马，急速地追赶着一头鹿，随从们被他远远抛在了后边。就在孙策加速追赶的时候，许贡的门客忽然从树丛中跳了出来，并将箭射向了他。孙策来不及防备，被箭射中，翻落下马。这时候，孙策的随从们及时赶到，杀死了刺客。

孙策伤得很重，此后身体状况每况愈下。他清楚自己时日不多，就叫来属下张昭等人，将后事托付给他们。他说道："中原的局势复杂，我们现在有了吴、越的兵众，再加上三江的险固，定能做成一番事业，所以请你们一定要尽心辅佐我弟弟。"之后，他又叫来孙权，并将自己的官印和绶带交给他，还叮嘱道："我知道，在带兵打仗上，你比不上我；可是在选贤任能、固守江东上，我赶不上你。"当夜，这位曾征战沙场、名贯江东的孙郎就离开了人世，年仅二十六岁。

孙策去世后，年仅十九岁的孙权统领了他的旧部，执掌了大权。他谨记兄长叮嘱，在张昭和周瑜的辅佐下，不但保住了江东，还在日后大展宏图，最终与曹操、刘备形成鼎足之势，建国称帝，总算不负兄长的重托。

惨遭暗杀，英年早逝

眼见孙策势力越来越强大，曾经的吴郡太守许贡奏请汉帝召回孙策，以免留有后患。孙策的密探截获了此奏章，孙策看后非常气愤，命人绞死了许贡。许贡死后，他的门客千方百计要为他报仇，不断追查、打探孙策的行踪，准备伺机报仇。

200年的一天，孙策和属下一起外出打猎。

〉〉〉曹操东征刘备，刘备大败，曹操生擒关羽。

刘备本为汉室后裔，但他命运不济，前半生四处流浪，历尽艰辛。他离开曹操后，又相继投奔过袁绍、刘表等人，一直没有自己的地盘。在寄人篱下的日子里，他一直隐藏着自己重兴汉室的远大抱负，而这一理想，终于在他三顾茅庐得到旷世奇才诸葛亮的辅佐后开始逐步实现了。

约公元184年~公元280年
////////三国纷争////////
刘备三顾茅庐

官渡之战中，袁绍大败。此前一直依附于袁绍的刘备见袁绍不过是个见利忘义、外宽内忌之人，就与他断绝了关系，带着自己的好兄弟关羽、张飞、赵云等人一起投奔了荆州牧刘表。刘表表面上待之以礼，但他胸无大志，畏首畏尾，又担心刘备发展势力后会威胁到自己，就命他去驻守偏远的小县新野。

依附他人，壮志难酬

东汉末年，黄巾军起义，天下大乱。皇族之后刘备趁机起兵，想要建功立业，匡复汉室。但是许多年过去了，他南征北战，虽有名望，却仍然依附于别人。所以，刘备时常嗟叹不已，感叹自己壮志难酬。

两拜诸葛皆扑空

刘备在新野招贤纳士，遍访有才之人。他听说襄阳有个非常有名的水镜先生司马徽，就特意

▼武侯高卧图
此为明宣宗朱瞻基所作，描绘的是诸葛亮隐居隆中时的生活。

〉〉〉曹操与袁绍在官渡对垒，孙策欲偷袭许都，却被吴郡太守许贡的门客刺杀身亡，其弟孙权继承其基业。

200年

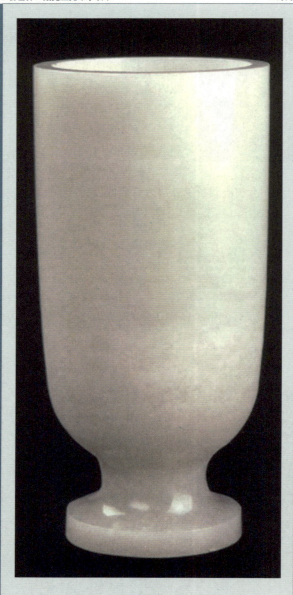

◀（三国）白玉杯

河南洛阳西区曹魏正始八年墓出土，现藏于洛阳博物馆。高11.5厘米，口径5.2厘米，底径4厘米。玉色白中泛青，玉质莹润、光洁。杯为直筒形，直口，柄形高圈足。通体抛光。

统，字士元。这两个旷世奇才都住在襄阳周边，皇叔（按族谱，刘备应是汉献帝的叔辈）要亲自前去求教，其他事情我也无能为力。"

刘备返回后问谋士徐庶："你听说过襄阳的卧龙先生吗？"徐庶答道："您所说的是诸葛亮吗？我和他是挚友。"刘备想和诸葛亮见面，对徐庶说："你能否去把他请来？"徐庶摇头说道："对诸葛亮这样的贤士，皇叔应该亲自去拜见。"

于是，刘备就和关羽、张飞拿着礼品去了诸葛亮的居处隆中。三人到了卧龙岗下，看见翠绿的竹丛中有几间茅草屋。之后，他们停在茅草屋前，刘备下马，亲自去敲门。一个孩童开了门，刘备谦虚地说道："请您通禀一下卧龙先生，刘备前来探访。"孩童犹豫了一会儿，说道："先生不在，他和朋友出外远游了。"刘备听说诸葛亮不在家，只得悻悻而回。

过了一段时间，刘备听说诸葛亮回来了，就又和关羽、张飞前去探访。那时正是严冬时节，阴云满天，北风凛冽，大雪纷飞。三人来到隆中，却得知诸葛亮于前一日与友人出门了，三人只得再次败兴而归。

三拜诸葛，隆中对策

转眼到了第二年春天，刘备、关羽、张飞三人又骑马来到隆中。此时诸葛亮正在午睡，刘备就毕恭毕敬地站在草堂的台阶下等。一个时辰后，诸葛亮醒来，刘备恳请他分析当前天下形势。

诸葛亮分析道："曹操有百万大军，以天子之名号令天下，将军不可与他直接对抗。孙权驻

去探访他。司马徽问他为何而来，刘备答道："我是特地来向先生询问天下形势的。"司马徽笑道："卧龙、凤雏这两个人，你只要有了其中一个，就可以平定天下。"

刘备赶紧问道："卧龙、凤雏是什么人？"司马徽说："卧龙就是诸葛亮，字孔明；凤雏就是庞

◀（三国）皮胎犀皮漆金铜扣耳杯

安徽马鞍山朱然墓出土，长9.6厘米，宽5.6厘米。耳杯为一种酒杯，既能双手托起，又便于在水中飘动，进行"曲水流觞"的酒艺活动。此杯为皮胎，杯口及耳镶镏金铜扣。正面有不明显的黑漆花纹，背面黑、红、黄三色相间，颜色和层次的变化，使之呈现出仿佛行云流水般的自然景色。

守江东，据有天险，民众顺服于他，且江东人才辈出。将军只能和他联手，而不能与之对抗。将军应当先占荆州，再取益州，励精图治，增强国力，伺机而动。如若占据荆、益两州，将军便可把这两地作为根据地，以险峻的地形为屏障，西和诸戎，南抚夷越，接着和江东的孙权交好，对内完善律法，储备军粮，整饬军队，发展生产。之后就可静观天下局势之变。条件具备时，就立即分两路北上攻打曹操，一统天下，完成复兴汉室的大业。"这就是著名的《隆中对》。刘备听完诸葛亮的一席话，茅塞顿开，对天下局势了然于心，于是一再请诸葛亮出山。诸葛亮见刘备如此诚恳，答应出山辅佐刘备。

博望坡军师初用兵

诸葛亮出山后成了刘备的军师。关羽、张飞不服，刘备以"鱼水"之喻开解二人。《三国演义》讲述了博望坡之战的故事，将关、张对诸葛亮态度的转变写得更有戏剧性。

《三国演义》记载，诸葛亮出山之后，曹操命大将夏侯惇率领十万兵马，向新野杀来。诸葛亮封赵云为先锋，让关羽、张飞埋伏在博望坡两边，找机会火烧曹军，他自己则守在新野城内。关羽、张飞不满，众将士和刘备也都有些狐疑，只有诸葛亮一人镇定自若。

夏侯惇率军到了博望坡，突见眼前尘烟四起，赵云率兵杀了过来。夏侯惇和他打了几个回合，赵云边打边退，夏侯惇一直追到博望坡。突然炮声四起，刘备率兵赶来，夏侯惇急忙与之交战，刘备、赵云则且战且退。

天色渐暗，夏侯惇不断命令将士加快脚步。曹军行至长满芦苇的狭窄山道时，夏侯惇猛然醒悟，他正想撤兵，却听见后面传来了厮杀声。顷刻间浓烟滚滚，火势随风越来越大。曹军霎时乱作一团，互相踩踏，死伤无数。曹军本想冲出重围，却被关羽、张飞阻截。天亮时，厮杀才停止，刘备得胜而回，曹军死伤无数，损失惨重。夏侯惇带着残余兵马，狼狈地逃回许都。关羽、张飞称赞道："孔明不愧是奇才！"从此对诸葛亮心服口服。

自此，诸葛亮成了刘备的重要谋臣，也成了刘备军团中的关键人物，并为创建蜀汉政权做出了重要的贡献。在诸葛亮的辅佐下，刘备如虎添翼，最终成就了大业。

周瑜是东汉末年东吴有名的统帅，精通军事，他在孙策统一江东的过程中立下了汗马功劳。孙策被刺去世后，孙权成为江东之主。赤壁之战中，周瑜极力主张抗击曹军，并与刘备联合，率大军在乌林大败曹军。周瑜长相俊朗，雄姿英发，时人都称他为"周郎"。

约公元184年~公元280年

//////三国纷争//////

雄姿英发周公瑾

▲周瑜像

自古英雄出少年

周瑜，庐江郡舒县人，字公瑾。他生于士族大家，堂祖父周景曾担任汉朝太尉一职，其父周异曾担任洛阳令。周瑜身材高大健硕，长相俊朗。他自幼就胸怀大志，聪慧机敏，还特别喜好研习兵法。

孙坚征讨董卓时，曾带着全家人搬到舒县。周瑜让孙家住在自己家附近的大宅里，并在生活上与孙策相互扶持，相互帮助，二人结成了患难之交。此外，周瑜和孙策在舒县广泛结交贤士，因此二人声望很高。孙坚死后，孙策统领了其父的属下，并投靠袁术，二人自此分开。

后来，周瑜去丹阳拜访担任丹阳太守的堂叔周尚，碰巧遇到即将东渡的孙策。周瑜马上率领一批兵马前去帮助他，孙策非常欣喜，说道："能得到你的帮助，就什么都顺畅了。"此后他们就开始了并肩作战的生活。二人率兵沿路征讨，先是占领了横江、当利等地，之后率兵过江，攻打秣陵，战胜了笮融、薛礼，接着又占据了湖孰、江乘，然后乘胜攻打曲阿，逼走了驻守于此的刘繇。一路上他们还大力招兵买马，军队的人数很

快就达到了几万。孙策认为现在自己的部队实力已经很强大了，因此就让周瑜回去驻守丹阳。

不久，袁术派其堂弟袁胤取代周尚为丹阳太守。袁术欣赏周瑜的才华，想让他为自己所用。周瑜认为袁术成不了大事，不愿追随他，就委婉地恳求袁术封自己做个居巢县令。袁术答应了。

生死之交结姻亲

198年，周瑜自居巢返回江东。孙策非常高兴，命将士列阵欢迎，还亲自迎候，封周瑜为建威中郎将。这年，周瑜二十四岁。后来，由于周瑜在庐江地区声望很高，孙策就封他为中护军，命其攻打荆州，并兼任江夏太守一职。随后周瑜率兵占领了皖县。当地的乔公有两个如花似玉的女儿，人称大乔、小乔。此战后，孙策娶大乔为妻，周瑜娶小乔为妻。这样，亲如兄弟的两人结亲成了连襟。之后，孙周二人没有放慢征讨的脚步，他们继续攻城略地，战胜了刘勋后讨伐江夏郡，又占领了豫章和庐陵。此后，周瑜留守巴丘。

200年，孙策被刺而亡，其弟孙权成了江东之主。周瑜率军赶到吴郡参加葬礼，并留了下来，任中护军之职，和长史张昭共同处理军务。

殚精竭虑为东吴

曹操率大军南征时，周瑜力劝孙权与刘备联盟，迎战曹操。他分析其中的利害关系并自请

〉〉〉袁绍派张郃、高览攻打曹营，张郃、高览听说淳于琼被击破，遂降曹。袁军土崩瓦解，袁绍仓皇北逃。

出战。孙权最终接受建议，封周瑜为左督，统率三万兵马，辅助周瑜的是右督程普、赞军校尉鲁肃。周瑜和刘备的军队一起溯江而上，并在赤壁碰到了曹军。曹军不太适应江南的水土，军中疾病肆虐，士气低迷，第一次出战就大败而回。周瑜军队则首战大胜，士气大振。两军隔江对抗，曹军为了克服不谙水性的弱点，用锁链把全部船只连了起来。周瑜探得此事后，巧妙采用苦肉计，命黄盖假装归降曹操，将曹军的船队烧毁。他亲自率兵趁乱猛击，最终大败曹军。

赤壁之战后，周瑜又与程普进军南郡，经过一年的交战，攻下了南郡治所江陵。孙权任命周瑜为偏将军，兼任南郡太守。刘璋当了益州牧后，张鲁部队前来滋事。此时，周瑜又向孙权献计，请求起兵攻击蜀地，兼并张鲁军队，让大将留守并

和当地的马超会合，他则折回占领襄阳，和孙权并肩袭击曹军——只要能战胜曹军，北方地区就归东吴所有。孙权接受了他的提议。

遗憾的是，周瑜经过巴丘时不幸染病，不治而亡，时年三十六岁。他一生南征北战，功绩卓越，《三国志》评价其"实奇才也"。周瑜还具有非常独特的人格魅力，东吴名臣程普曾说："与周公瑾交，若饮醇醪，不觉自醉。"后世亦有众多诗歌赞美周瑜，看来这位风度翩翩的儒将虽英年早逝，却令世人追慕，流芳百世。

▼**孔明气周瑜**

小说《三国演义》中有许多虚构的情节，包括了为了美化诸葛亮而故意贬低周瑜。其实，正史上记载的周瑜绝非心胸狭窄之人，他心胸豁达，文武兼具，风度翩翩，是一位非常优秀的儒将。

◎看世界／戴克里先迫害基督教徒　　　　◎时间／303年　　　　◎关键词／宗教仪式　财产

约公元184年～公元280年
////////////三国纷争////////////
刘备借荆州

赤壁之战刚刚结束时，曹操虽被打败，但还是不愿放弃荆州，于是留曹仁、徐晃驻守江陵，乐进驻守襄阳，自己率领残兵败将逃回北方。209年冬，曹仁在周瑜的大举进攻下，无力招架，遂放弃江陵北撤，于是周瑜占领了江陵。此时，刘备率本部兵马驻守在江南的油江口，并改油江口为公安。公安地小物稀，不利于发展，于是刘备便向孙权提出希望"都督荆州"，最终他如愿以偿，实现了《隆中对》中的第一个目标。

占据公安，又添新愁

赤壁之战后，周瑜和程普带领几万兵马攻打曹操所占据的南郡治所江陵，与曹操属下曹仁隔江对峙。两军兵力相当，很难较出高下。后来，为了抢先占领南郡的另一要冲夷陵，周瑜属下甘宁率军向西袭击，却被曹仁派军包围。危急时刻，周瑜、程普亲率将士赶去救援，并大败曹军，胜利回师。周瑜又趁势到了长江北岸，并扎营江北。

209年年初，刘备配合周瑜在江陵围攻曹军。趁江陵大战，周瑜无暇南顾之机，刘备要求代为收复南方四郡（长沙、桂阳、武陵、零陵），孙权应允了。但是当时刘备本人并没有四郡的所有权，也不敢强占而得罪孙权，只好将四郡交还。

后来，周瑜军队猛攻江陵。几次激战后，曹军损失惨重，曹仁只得弃江陵撤兵北上。孙权任命周瑜代理南郡太守（治江陵），程普为江夏太守。

周瑜将南郡江南岸的地盘分给刘备，刘备率本部兵马驻守江南的油江口。刘备曾被汉献帝封为左将军，号左公，驻扎油江口后即改油江口为公安，取"左公安靖，日后强雄"之意。

可是，公安位于长江南岸，西边无法通过荆门山，北边有长江阻挡，并非久居之地。要继续扩展自己的势力，就一定要占据整个南郡，这样才能控制南郡地区。可南郡现在由孙权掌控，怎样才能既得到南郡，又不把建立不久的孙刘联盟给毁掉呢？

商借荆州，一借无还

刘备思虑再三，仍无良策，于是冒着生命危险去见孙权，提出"都督荆州"，也就是"借"荆州。

周瑜病死后，孙权命鲁肃接管周瑜军职，程普代理南郡太守，负责整个荆州地区的防务。鲁肃从联盟以抗曹操的战略方针考虑，极力劝说孙权暂时将南郡"借"给刘备，孙权最终同意了。很快，程普从江陵退至江夏，鲁肃退至陆口，东吴将自公安以西的荆州长江沿岸的重地全部移交给了刘备。此时，荆州七郡，刘备已占其五。

此后，刘备以荆州为根据地，大力扩展自己的势力，并成功占领了益州。看见刘备实力激增，孙权很后悔之前把南郡"借"给他，于是屡次命人去索要，可刘备总是找借口推托。为此，双方最终兵刃相见。后世也有了一句著名的歇后语：刘备借荆州——有借无还。

▶骑马陶俑

三国两晋南北朝时期，陶俑工艺发展很快，作品涉及的社会生活面很广，有很高的历史价值和艺术价值。

▲刘皇叔洞房续佳偶

为巩固孙刘联盟，孙权把亲妹妹嫁给刘备。小说《三国演义》对二人的联姻有着精彩的描写。

少年读全景中华上下五千年·3·魏晋风骨

三国纷争·青梅煮酒论英雄

肃清关西的割据势力后，曹操又快马加鞭率军攻打汉中地区。他认为自己占领汉中后，刘备就没有任何天险可以守护益州了，自然就不能再向北方扩张。为了不让曹操得逞，并趁机扩大势力范围，刘备也决定抢占汉中。于是，一场激烈的汉中争夺战开始了。最终，刘备占据了汉中，进一步壮大了势力。

约公元184年~公元280年

////////三国纷争////////

刘备得汉中

初战不利，成都搬救兵

215年，曹操亲自率领兵马攻打驻守汉中的割据势力张鲁。汉中有汉水盆地，周围环绕着高山，实在是一块可攻可守、土壤肥沃、物产富饶的宝地。刘备和曹操都想占有这个地方，谁抢先占领了此地，谁就有了优势。

曹操自陈仓起兵到了武都郡的河池（今甘肃徽县南），铲除了此地的氐族集团，并储备了军粮。接着，他举兵攻打阳平关（今陕西勉县东北），对张鲁构成了直接的威胁。张鲁清楚自己的兵力很难与曹操抗衡，还不如放弃城池出城归降。可张鲁的弟弟反对，他带领一万兵马与曹操血拼。激战过后，曹操终于占领了阳平关，夺取了汉中。张鲁率兵逃往賨人驻守的巴中地区。曹操接着攻打巴中一带，以朴胡、杜濩、任约等人为酋长的賨人部落相继归降曹操。没多久，张鲁也归降曹操，曹操封他为镇南将军、阆中侯。汉中是益州的重要关卡，曹操占领了汉中，益州是非常危险的。那时，刘备还在与孙权争夺荆

州，得知此事后很担心。属下黄权也说："若失汉中，则三巴不振，此为割蜀之股臂也。"于是刘备命黄权起兵攻击朴胡、杜濩、任约。黄权大胜，占领了三巴地区。

此时，曹操的主簿司马懿觉得时机成熟，应该立即进入蜀地，平定益州，铲除刘备。另外一位谋臣刘晔也劝道："刘备才占领了蜀地，还没有使蜀地民心诚服。曹公占据了汉中，蜀人已是心惊胆战，我们这时起兵攻打，定能大获全胜。要是错过这个机会，等刘备羽翼丰满，他们就可依靠险要地形固守，那时民心所向，再出兵可就很难成功了。"不过，曹操没有接受征讨蜀地的建议，而是率兵返回了中原。

曹操撤军后，刘备认为应该趁机攻下汉中，

▼（三国）钟繇《贺捷表》（局部）

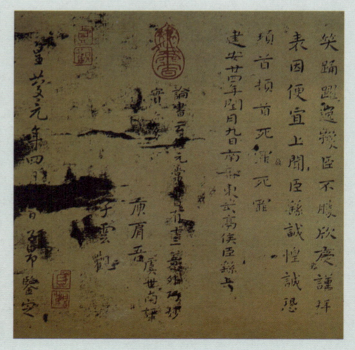

谋臣法正也劝告道："曹操占领了汉中，却没有趁势攻打巴蜀，不是因为兵力不足，而是担心后方不稳定。现在夏侯渊驻守汉中，他只会逞匹夫之勇，才干谋略不及我方将领，此时发兵，定能得胜。"此后他还说"此盖天以与我，时不可失也"，力劝刘备征讨汉中。刘备采纳了法正的建议，亲率兵马和赵云、黄忠等一起出征，法正随军，诸葛亮驻守成都，负责军用供给。其间，刘备还命张飞、马超、吴兰率兵赶往武都，扎营下辨，以牵制曹军。

217年，刘备率军征讨汉中。交战初期，刘军一路受挫，刘备军在阳平关遭到了夏侯渊等人的奋力抵抗。刘军久攻不下，扎营于阳平关与曹军对峙。218年春，曹洪攻打下辨，战胜了蜀军，杀了吴兰，张飞、马超等人只得撤退，接着曹军占据了武都。刘备见此情形，赶紧给军师诸葛亮去信，请他立即出兵支援。

虚张声势，勇夺定军山

219年正月，刘备派黄忠、法正等人攻打定军山（今陕西勉县东南）。定军山山势险峻，是守住汉中的重要关卡，因此也是兵家必争之地。

到了定军山后，黄忠命将士停下来扎营，并占据险要地势拒不出战，以此消磨曹军的斗志，迫使夏侯渊丧失耐性而主动出兵。在细细勘察定军山的地形和了解敌军的情况后，黄忠制定了相应的战略。夏侯渊则自大轻敌，认为刘军不敢应战。定军山的西面，有一座高山叫对山，在对山山顶可以观察定军山的虚实。法正对黄忠说：

◀（三国）青瓷蛙形水注

圆唇、短直领、溜肩、扁圆腹下收，平底内凹。肩部塑生动的蛙首、四足，并饰以由菱形网格戳印纹、凹玄纹等组成的纹饰带。通体施绿釉不及底，胎釉结合紧密。制作精美，小巧玲珑。

"对山上只有曹军少量人马，将军可以趁夜杀上山顶，必胜无疑，然后驻扎在半山腰，以逸待劳。夏侯渊性情急躁，知道失了对山，一定会主动进攻。到时我二人前后夹击，定军山就是囊中之物了。"

黄忠听从了法正的建议，当夜二更，率领士兵攻占了对山。夏侯渊听说后，果然按捺不住，不听别人劝告，杀到对山脚下。起初，任他百般挑衅，黄忠只是不理。待曹军士气低落，黄忠带领士兵迅速杀下山去。夏侯渊防备不及，被黄忠一刀斩杀，曹军也被打得溃散而逃。

夏侯渊死后，张郃统率曹军，他和将士们一起部署防备，商讨策略。此时，在长安的曹操听说夏侯渊兵败，赶紧自长安率军赶到阳平关，以援救汉中。由于定军山之战大获全胜，蜀军士气高涨，气势如虹，再加上他们据险而守，因此对战胜曹军信心十足。刘备命将士守营不出，不管曹军使用何种手段挑衅，都不得出战。

两军对峙了一个多月，曹军没能取得任何战绩，军粮紧缺，有的士兵无法忍受饥饿，悄悄溜走了。曹操审时度势，认为自己无法得胜，就舍弃汉中，率军回长安了。由于曹操不战而退，刘备顺利占据了汉中。同年秋，刘备自封为汉中王，正式称王。

赵云是刘备手下的良将，在当阳长坂的激战中，他单骑救主，一时间名扬天下，刘备赞他"一身是胆"，军中尊其为"虎威将军"。赵云是人们理想中的武将，他文武双全，忠勇兼备，一方面是厚重严肃、骁勇善战、救主于危难的猛将，一方面又是柔贤慈惠、宅心仁厚、跟随先主打天下的开国功臣，因而自古以来一直受到人们的推崇和喜爱。

约公元184年~公元280年

////////////三国纷争////////////

赵子龙一身是胆

追随刘备，情同手足

赵云，常山真定（今河北正定）人，字子龙。他长得俊朗健硕，又精于骑马和射箭，因而在乡中颇有名气。在当地百姓的举荐下，他率本郡民兵投靠了公孙瓒。

那时，刘备也在公孙瓒手下做事，因而非常赏识赵云。由于刘备做事得力，公孙瓒就奏请朝廷封他为别部司马，让他和青州刺史田楷共同抵抗冀州牧袁绍，赵云也参加了此战。此后的日子里，刘备与赵云一直并肩作战，因此成了挚友。之后，赵云因哥哥离世不得不辞官回家。刘备送别赵云，毫不掩饰自己的不舍，赵云深为所动。

200年，刘备为曹操所败，正想去投奔袁绍。赵云听说此事后，就前往邺城见刘备，此后他们二人卧则同榻，起则同行，情如兄弟。后来，刘备偷偷命赵云招募兵卒，

收容并改编将士，以此扩充自己的势力。从此，赵云一直跟着刘备出生入死，他忠心保主的军旅之程也自此展开。

侠胆英豪，忠心护主

208年，曹操率几万兵马攻击刘备，刘备屡战屡败，撤兵南下逃往江陵。曹操命骑兵紧紧追杀他们，最终在当阳长坂坡拦住了刘备。危急时刻，刘备只得丢下妻子和儿子，命张飞携少量兵马挡住曹军，自己则率不多的兵马逃命去了。这时，赵云没有跟着刘备一起逃亡，而

▼赵子龙单骑救主

赵云单枪匹马，在长坂坡七次杀进曹军重围，终于救出幼主刘禅，此事被传为千古美谈。

▲（三国）青瓷仓廪院落
平面呈长方形，由围墙、门楼、仓廪、房舍等部分构成。造型宏伟，布局精巧。

直言敢谏，高风亮节

刘备刚平定巴蜀时，想把成都的豪华宅院和上好的土地分赏给众将士。赵云不同意，说道："当年，霍去病曾说'匈奴未灭，无用家为'。如今国家动荡，益州民众正身处战火之中，我们应当把宅院、田地还给他们，这样百姓才能安居乐业，服役纳税，由此社会才会稳定。"刘备认为此话很对，就没有把宅院田地分给将士。

219年，刘备和曹操抢夺汉中，曹操在北山下储藏了大量的粮草，刘备帐下大将黄忠觉得可以找机会抢夺粮草，切断曹军供给，就率兵进击北山去了。过了几天，音讯全无，赵云很是担心，就率领几十个人赶去打探消息，途中碰上了曹操大军。赵云率领众将士左右冲杀，终于杀出了包围圈，可曹军紧紧追击。这时，他的手下将士张著又被曹军围住，无法脱身。赵云转身杀进曹军，奋力救出张著，快速地返回了军营。

这时，曹军也追杀到了营前。守将张翼想马上关上营门守住营地，可赵云却让他把营门敞开，还让军士鸣金收兵。曹军害怕刘军有埋伏，就不再追击而向后撤。赵云又命将士击打战鼓，奋力射箭，曹军惊恐万分，大乱溃逃。刘备得知此事后，称赞道："子龙浑身都是胆哪！"此后，赵云被全军将士尊称为"虎威将军"。

刘备攻下成都后，命赵云担任翊军将军。后主刘禅登基后，又封赵云为镇东将军，并赐号永昌亭侯。229年，赵云因病去世，被追封为顺平侯。他为人刚强谨慎，毕生忠诚护主，爱护百姓，因此人们一直都很尊敬他。

是转身冲向曹军，有人看到了这些，就告诉刘备说，赵云肯定是北上投奔曹操去了。刘备怒喝道："子龙是不会这么做的。"

和刘备说的一样，赵云是不可能背叛他的。他独自冲进了曹军阵地，只为找寻刘备的甘夫人和幼主刘禅，最终他在破败城墙的一口枯井边见到了甘夫人和刘禅。接着，他就护卫甘夫人和刘禅，一路浴血奋战，杀出了包围圈，赶上了刘备。赵云骁勇善战，"单骑救主"感人至深。刘备为之所动，就升赵云为牙门将军。

赤壁一战后，刘备占领了荆州五郡，实力大增，封赵云为偏将军，兼任桂阳（今湖南郴州西部）太守。之前的桂阳太守赵范有个寡嫂樊氏，她容貌秀丽，赵范想把她送给赵云为妻，以此来巴结赵云。赵云一脸正气地说道："你我乃同族，你嫂子就是我嫂子。"那时，也有一些部下想让赵云同意这桩婚事，可赵云坚守自己的原则，始终没有答应。赵范没能以美色牵制住赵云，没多久就找理由逃跑了。

○看世界／罗马高卢驻军叛乱　　　　○时间／360年　　　　○关键词／朱里安　皇帝

约公元184年～公元280年

//////////三国纷争//////////

忠义双全的关羽

关羽是刘备手下的重臣良将，他自从与刘备、张飞桃园三结义之后，一直跟随刘备出生入死，是刘备多年征战生涯中不可或缺的得力助手。他最后不幸败走麦城，惨遭杀害，但威名却越来越高。他在民间一直是忠义的化身，被人们尊为武圣人，至今民间仍流传着很多关于他忠诚、正义、骁勇善战的故事。

▼关羽失荆州被俘

义薄云天，彰显实力

关羽，河东郡解县（今山西运城南）人，字云长，小字长生。黄巾军起义之时，关羽在涿郡认识了刘备、张飞，当时，刘、张二人也在召集民众起兵，因此关羽就投靠了刘备。他们三人志同道合，情同手足。关羽跟着刘备在战场上厮杀，不畏艰险，屡建奇功。之后，刘备由于作战有功而被封为平原相，关羽和张飞二人也做了别部司马。

198年，刘备投奔曹操。曹操封刘备为左将军，封关羽为中郎将（职位仅低于将军），足见曹操非常赏识刘备等人。可曹操好猜忌，因此刘备一直想另找出路。199年，刘备突袭并杀死了曹操的部将徐州刺史车胄，命关羽代他做下邳太守，他自己则驻守在小沛，积极地招兵买马，与朝中的反曹势力遥相呼应。

200年正月，车骑将军董承、王服等人设计暗杀曹操，计策败露，董承、王服等人被斩，灭三族。可参加此次暗杀的刘备却侥幸逃脱。随后曹操亲率大军讨伐刘备，匆忙迎战的刘备输给了曹操，刘军溃散而逃。之后曹操占领了下邳，擒住了关羽。

曹操十分赏识关羽，敬佩他是个骁勇善战的将才，因此封他为偏将军，给他优厚的礼遇。刘备逃跑后投靠了袁绍。其后袁绍命将领颜良攻占白马，曹操命以张辽和关羽为首的前锋军抗击颜良。关羽面对强敌从容不迫，斩杀了颜良，解除了白马之围，立下大功。曹操奏请皇帝封他为汉寿亭侯。

千里走单骑，忠贞不贰

曹操非常佩服关羽的英雄之气，可发现他总是心神不宁，于是让与关羽交情较好的张辽去询问缘由。关羽感慨道："我知道曹公待我不薄，可是刘将军对我的恩情更重，我曾起誓与他同生共死，因此我不可叛离他。我不会长留于此，报答完曹公的恩情便会离开。"张辽把关羽这番话原原本本地告诉了曹操，曹操不仅没有憎恨关羽，反而觉得他是个仁义、守信之人，对他更加欣赏。关羽斩杀颜良，解除白马之围后，曹操知道关羽即将离去，因此就赏赐给他很多东西。关羽将这些东西退还给曹操，并附上了一封辞别信，接着便赶去与刘备会合了。曹操手下打算追杀关羽，曹操却说："各为其主，不必追了。"关羽在万军之中斩杀颜良，为刘备放弃高官厚禄，骑马行进千里只为追随刘备，这些都使得人们对他更加尊重，也给百姓留下了关于他忠义兼具的传世美谈。

关羽不仅忠心守义，更以骁勇享誉三军。关于他的故事，众人皆知的就是"刮骨疗毒"。相传战乱中，他的左臂曾被箭射穿，虽然此后伤口愈合了，可只要碰上阴雨天骨骼就会剧痛不止。军中郎中说："因为箭头上有毒，毒液渗入骨中，只有把左臂上的伤口切割开，将骨上的毒液刮掉才能彻底消除病痛。"于是关羽就伸出左臂，命郎中割开了伤口。那时关羽正和一些将士对坐吃喝，他左臂上鲜血直流，接血的盘子很快就接满了。将士们看着这一幕，胆战心惊，都不忍再看了，可关羽神情自若，依旧切肉喝酒，和平日里一样有说有笑，将士们都非常敬佩他。

万古留名，瑕不掩瑜

关羽忠诚守义，骁勇善战，声名远播，可他依然有着致命的性格缺点——刚愎自用而且喜好夸耀自己。赤壁一战后，刘备占领了荆州，并任命关羽为襄阳太守，兼荡寇将军。之后刘备占领益州，马超归顺蜀军，刘备自封益州牧，命马超担任平西将军。关羽和马超并不认识，他得知刘备非常欣赏马超后就非常不快，还命人给诸葛亮送去一封信，询问马超才能如何，并表示没人能比得了自己。诸葛亮很清楚关羽的个性，就回信道："马

超文韬武略，骁勇刚毅，算是现在的豪杰之一，和黥布、彭越差不多，可以和张翼德相提并论，可他绝对比不上美髯公您。"关羽的胡须十分漂亮，因此诸葛亮称他为"美髯公"。见此信，关羽的虚荣心得到满足，他十分高兴，还把信给客人看。

樊城一战中，关羽起初部署了正确的作战方略，并因水淹七军而名震天下，可最终却掉入陷阱，因放松警惕而失去了荆州，最后败走麦城。但即便如此，关羽那出类拔萃的光芒依旧无人可及，他在厚利面前所表现出来的忠诚与信义，在性命攸关之时所表现出来的信念，始终被后人传为美谈，至今都让人敬佩不已。

关羽去世后，被追谥为壮缪侯。此后，历代君主为了稳固政权，都会大力提倡和褒扬关羽的忠义。宋朝时，关羽的形象更是被提升到了近乎神的高度，宋徽宗曾连续追封他为"忠惠公""崇宁真君""昭烈武安王"与"义勇武安王"。明朝时，关羽又被追封为"协天胡国忠义帝"。清朝统治者还把关羽庙称作"武庙"，使其成了和文庙——孔庙地位一样的庙宇。

▶（三国）神兽纹铜镜
直径15厘米，主纹饰为浮雕的神人和龙、虎等兽类。此类铜镜最早出现于东汉中期，一直流行到三国。

◎看世界／罗马君士坦提乌斯二世病故　　　◎时间／361年　　　◎关键词／朱里安即位

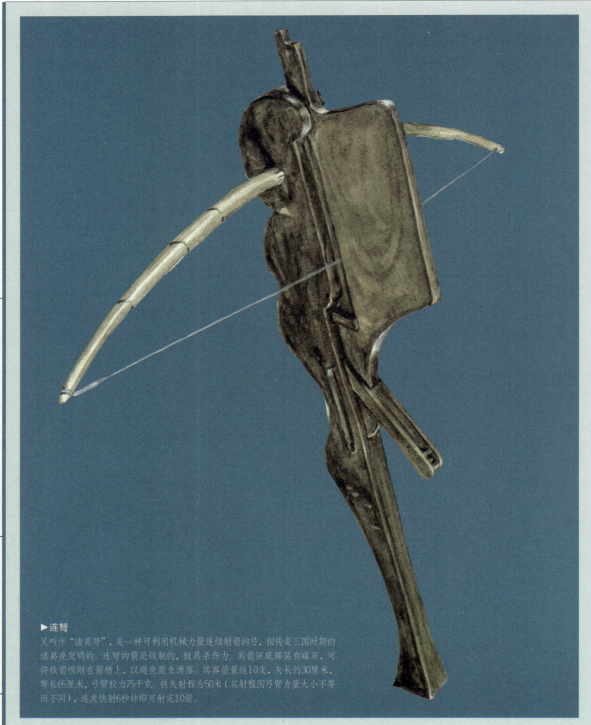

▶连弩

又叫作"诸葛弩"，是一种可利用机械力量连续射箭的弓，相传是三国时期的诸葛亮发明的。连弩的箭是铁制的，极具杀伤力。其箭匣底部装有磁石，可将铁箭吸附在箭槽上，以避免箭支滑落。其容箭量达10支，矢长约30厘米，弩长65厘米，弓臂拉力75千克。伏矢射程为50米（其射程因弓臂力量大小不等而不同），连发快射6秒钟即可射完10箭。

张飞也是刘备手下的一员猛将，更与刘备有八拜之交，情谊深厚。张飞威猛异常，骁勇善战，曾率二十骑兵于长坂坡吓退曹军，为刘备立下了赫赫战功。但是，张飞脾气暴躁，凶残乖戾，对士兵要求非常严厉，所以不得人心。最终，张飞的部下忍无可忍，趁他熟睡之时，将其杀死。

约公元184年~公元280年
////////三国纷争////////
勇冠三军的张飞

英勇豪爽义佐刘

张飞，涿郡人，字益德，是刘备的老乡，早年追随刘备，召集将士镇压黄巾军起义，接着又认识了关羽。张飞、关羽非常敬重刘备，不惧艰辛地追随于他，三人一起出生入死，情同手足。

张飞不仅英勇爽快，还很讲义气。在镇压黄巾军起义的过程中，刘备因立下功劳而被封为安喜县县尉。后来，有位督邮因公差到了安喜县。刘备得知此事后就去面见督邮。督邮手下仗势欺人，不为他通报。刘备很气愤，于是冲进馆驿，将馆中人打倒，并一把揪住督邮，狠狠地将他打了二百多杖。督邮不停地请求刘备手下留情，刘备终于停手。这时，张飞、关羽赶来，张飞说道："哥哥你战功卓越，却只做了个小小的县尉，连督邮都敢如此怠慢您。如今这安喜县乌烟瘴气，我们这些有抱负的人在这里根本没有用武之地，还不如弃官，另谋出路呢。"于是，刘备就把官印和绶带拴挂在督邮的脖颈上，带着张飞、关羽连夜逃走。

刘备入仕为官之路一直都很坎坷，他先后担任多个小官，最后投靠昔日同窗好友公孙瓒，被封为平原相，关羽和张飞也都做了别部司马。

长坂桥吓退曹军

后来，刘备投靠了曹操，并与曹操合力消灭了吕布，接着刘、关、张等人便随曹操去了许都。曹操见张飞英勇无敌，就让他做了中郎将。由于曹操生性多疑，刘备担忧曹操会加害自己，就离开了曹操，随后相继投奔了袁绍、刘表等人，刘表派刘备驻守新野。

曹操占领襄阳后，接着向南进攻新野。刘备闻听此事赶紧逃跑，曹军在后追击他。一天一夜过后，曹军终于在当阳长坂坡追上了刘备。刘备

▶张益德大闹长坂桥

长坂坡一战中，刘备败逃，张飞率二十余骑断后。曹军追赶至长坂桥，张飞横枪立马，厉声大吼："身是张益德也，可来共决死！"声若巨雷，威震敌胆。曹军人人胆寒，不敢上前挑战。

〉〉〉曹军与孙权军大战于濡须口，双方相持不下。之后，孙权与曹操秘密签订了魏吴同盟协议，共谋讨伐荆州关羽。

▲张飞遇害

张飞对待属下非常暴戾，部将范强和张达对其十分不满。一天夜里，范、张二人趁张飞喝醉，手提利刃砍下了他的头颅，然后连夜逃往东吴邀功。

丢妻弃儿逃命，并命张飞率领骑兵断后。张飞让人把桥梁拆掉，接着他立于河岸，瞪大眼睛，大喝道："张益德在此，你们敢过来和我一较高下吗？"曹军见他英勇威严，吓得大惊失色，无人敢去应战，于是刘备等人成功地摆脱了追兵。

惜英雄知才礼遇

张飞也是一个性情中人。刘备和刘璋反目成仇，进攻益州。张飞在攻取江州时战胜并擒住了刘璋的属下巴郡太守严颜。张飞怒喝道："没看见我们的大军吗？你还敢负隅抵抗？"

严颜答道："你们这些蛮横之人，侵略州郡，我要想保住益州，只好拼死抵抗。"张飞大怒，命属下把他拉出去斩首，严颜神情自若，视死如归。张飞很佩服严颜的英勇之气，就放了他，还把他奉为上宾。

218年，曹操率兵打败张鲁并占领了他的地盘，接着又命手下将领张郃领兵进攻益州。刘备命张飞率兵抵抗张郃，两军对峙了一个多月。为了打破这种局面，张飞带领一万多精兵激战张郃军。张郃惨败，只得率少量兵马躲到山上。张飞大胜，使得蜀地转危为安。

219年，刘备占领汉中，自封为汉中王，并封张飞为右将军。

事未竟身首异处

张飞性情急躁，对手下非常严厉。驻守阆中时，听说关羽被杀，张飞震惊不已，日夜痛哭。他手下的将士们都奉酒相劝，没想到的是，喝醉酒后的张飞更是大怒不已，只要属下稍稍有差池，他就毫不留情地严惩他们，军中不少将士被鞭杖过，有的甚至被鞭打致死。刘备曾劝告他："你不能总是严惩属下，他们都是骁勇之人，时刻跟在你身旁，倘若再这样下去，迟早会害了自己。"可张飞却不以为意。

一日，张飞命属下在三天内造出白旗白甲，好让全军都披孝征讨吴军。第二天，负责办理此事的将领范强和张达来到张飞帐内，禀告说自己误听成了"百盔百甲"，要求再给点时间。张飞勃然大怒，命兵卒将这两人捆到树上，各打五十杖，二人被打得遍体鳞伤。之后张飞指着他们喊道："这事明天一定要办好！倘若有所拖延，格杀勿论！"

二人返回营地商讨此事。范强说："我们怎么可能在明天完成此事呢？张飞这人生性残暴，要是明天这事没办好的话，我们的脑袋也就不保了！"张达说道："横竖一死，与其坐着等死还不如我们先杀了他！"范强和张达二人在商议了一番后就下定决心冒险杀张飞，接着再逃出营地。当夜，张飞喝得酩酊大醉，倒在了帐内。范强和张达便手提利刃悄悄地进入张飞的帐内，趁张飞不省人事时砍下了他的头颅，然后连夜逃到东吴投奔孙权。

张飞一生骁勇，立功无数，但是他对待士兵凶残暴戾，因此给自己招来了祸患。他最后被部下一刀砍死，真是"伐吴未克身先死，秋草长遗阆地愁"，实在是一桩憾事。

◀（三国）青瓷执盾俑

◎看世界／百济进围平壤　　　　　◎时间／371年　　　　　◎关键词／故国原王战死

曹丕，字子桓，是曹操次子。曹丕天资聪颖，能为文，又善骑射，好击剑，少年时代便广泛阅读古今经传、诸子百家作品。他为人狡诈多谋，在众多大臣的帮助下，最终在继承权的争夺战中战胜了弟弟曹植，被立为世子。曹操死后，曹丕继位为丞相、魏王，后逼迫汉献帝退位，自立为帝，史称魏文帝。曹丕爱好文学，成就颇高，他的《燕歌行》是中国较早的优秀七言诗，他的《典论·论文》是中国文学史上第一篇关于文学批评的专论作品，在中国文学批评史上占有重要地位。

约公元184年~公元280年

/////////////三国纷争/////////////

曹丕称帝

争宠夺势，如愿以偿

曹丕自幼就生活在军营里，随着父亲征伐天下，受到父亲的熏陶，不到十岁就会骑射，通晓诸子典籍、古今著作，成年后精通文学，是当时很有名气的诗人。同时，他也非常有野心，一直希望能继承父位，大展宏图。曹操乃一代枭雄，名满天下，可他的儿子们都远不如他，勉强能与之相比的，就只有次子曹丕和四子曹植。

曹操身为丞相，一直掌握着朝中大权，号令天下，但他一直都没有称帝。216年，汉献帝封曹操为魏王。有了王号之后，曹操就开始着手考虑立嗣之事。在讨伐张绣的宛城之战中，曹操长子曹昂不幸被杀。如此一来，曹丕就成了实际上的长子，这样他就在日后的王嗣之战中占得了身份上的优势。但是曹操喜好文学，闲暇之余常常和一些文人写诗作赋，饮酒畅谈。在众多儿子里，他最喜欢用笔潇洒、行文洒脱的四子曹植，曾一度想立他为嗣子。

曹丕也擅长写诗作赋，可和曹植相比，不管是才气还是名气都远远不及，所以他非常嫉妒曹植。他知道曹操想立曹植为嗣子，便一直想打压曹植。

那时，曹丕和曹植身边各有一批心腹重臣，追随曹丕的都是些权臣或谋臣，如尚书仆射毛玠和太中大夫贾诩等，而追随曹植的大都是些文人墨客，如名士丁仪和丞相主簿杨修等。官场黑暗，尔虞我诈，成天吟诗作赋的文人哪里是那些老谋

◀魏文帝曹丕

曹丕（187~226），字子桓，曹操次子，三国时期魏国君主，政治家、文学家，庙号世祖，谥号文皇帝。220年，曹操死，曹丕继位为丞相、魏王，同年逼迫汉献帝禅位，自立为帝，国号魏，改元黄初，都城由许都迁至洛阳。

〉〉〉曹操率大军到达长安，准备西征刘备。

▲（魏晋）铜龟器

青海互助高寨出土，高5厘米，长14.7厘米。

深算的政客谋臣的对手？加上一直以来，人们在立嗣之事上都信奉长幼有序的观念，因此在立嗣之争中，曹丕的优势越来越明显。

其实，曹植根本不知道自己已经卷入了这场立嗣之争中，更没有意识到眼下的形势会对自己不利。他为人淳朴，特立独行。曹操对他这种狂放不羁的个性十分不满。而曹丕善于演戏，他在曹操面前表现得忠心仁慈，处处讨其欢心。因此曹操越来越不喜欢曹植，觉得曹丕更沉着冷静，谦卑有礼，懂得待人接物。

217年，曹操终于立曹丕为嗣子。曹丕如愿以偿，无比欢欣。

献帝退位，曹丕建魏

220年，曹操在雒阳病逝，结束了辉煌的一生。当时，留守于邺城（今河北临漳）的曹丕听到父王离世的消息，悲痛不已，号啕大哭。亲信司马孚见此情形，安慰曹丕道："节哀顺变。尽管大王离开了人世，可您不能乱了阵脚啊，天下不可一日无主，如今您应该立即回朝，掌控朝政，以绝后

患。"听完司马孚这一番话，曹丕马上清醒过来，并立即赶赴许都，为曹操办理丧事。

此后，在曹丕和司马孚的主持下，官员们开始着手以君王之礼为曹操举办国葬。之后大臣们上书奏请汉献帝让曹丕接任王位。汉献帝本就是傀儡，一无主见二无实权，看了大臣们的奏章后就下旨封曹丕做了丞相和魏王，让他掌管冀州。就这样，曹丕继承了曹操生前的全部职权。

曹丕称王后，首先让自己的重臣亲信担任要职，贾诩成了太尉，华歆成了相国，王朗成了御史大夫。随后他下令诛杀了曹植的亲信丁仪等人，又将曹植降为安乡侯，让他离开了京都。同时，曹丕并不满足于做汉室的封王，时间一长，他称帝的野心渐渐暴露出来。曹操当年征伐天下，总揽朝政，挟天子以令诸侯，只是那时天下大乱，尽管汉朝势弱，可终究是百姓认可的朝廷，曹操担心自己自立为帝会遭人唾弃，所以称帝之事一直未议。可如今不同了，汉王朝有名无实，满朝大臣都服从曹丕。曹丕下定决心称帝，于是就开始部署，满朝文武官员心知肚明，只是无人明说。这时，左中郎李伏、太史许芝趁机联名上书，劝汉献帝退位，禅位于曹丕。

汉献帝做了多年的傀儡皇帝，一直如履薄冰，现在看见大臣的联名奏章，只好答应了大臣的请求。为了让天下百姓知道是献帝自愿退位的，文武百官们举办了一个盛大的禅让仪式，并在仪式上把皇帝的玉玺和绶带交给了曹丕。不久，曹丕正式登基，改国号为魏，史称魏文帝。魏国的建立彻底终结了有着近两百年历史的东汉王朝。

曹植是曹操的第四子，才高八斗，精于诗歌辞赋，很受父亲的疼爱。后来，他卷入了立嗣的风波之中。相传面对哥哥曹丕的逼迫，他在七步之内吟出了"煮豆持作羹，漉菽以为汁。萁在釜下燃，豆在釜中泣。本是同根生，相煎何太急"的著名诗句，抒发了自己因兄弟之间相互残杀而痛心疾首的愤懑之情。这首诗脍炙人口，流传至今。

约公元184年～公元280年
////////三国纷争////////
曹植七步成诗

才高八斗，文学天才

曹植是曹操和妻子卞氏所生的第三个儿子，字子建，与曹丕是一母所生。曹植自幼聪慧过人，十岁时就阅读了众多诗书典籍，出口成章，下笔成篇。在诗歌辞赋上，曹操、曹丕、曹植都有很高的造诣，那时的人们还称他们为"三曹"。

闲暇之余，曹操常和一些文人吟诗作赋，喝酒畅谈。一次，曹操无意中发现曹植写的文章不仅顺畅，还很有文采，他很高兴，可又有些狐疑，就问曹植："这文章是谁替你写的？"曹植慌忙跪拜道："孩儿出口成章，下笔成文，哪里需要别人替我写啊。父亲大人要是怀疑的话，就亲自试我一试。"因此曹操就当着大家的面考了他几次，发现他真的文笔不俗，就更加喜欢他，还多次想立他为嗣子。可因为立嗣一直有长幼有序之说，因此多数大臣都不同意这一做法，此事

也就一直耽搁了下来。

在中国文学史上，从建安年间至魏初这段时间称为建安时期。建安时期，文学成就最高的就是诗歌，而这些诗歌中，曹植的诗比较出众。在诗歌写作上，曹植继承了《诗经》《离骚》等优秀作品的风格，并吸收了两汉时期辞赋的精华，使得诗歌意蕴更为丰富，形式更加完善。那时，曹植所写的《洛神赋》《白马篇》《陌上桑》等都是被人们交口称赞的好作品，他的诗潇洒、清逸，对当时和后代的文学创作产生了深远影响。南朝文学家谢灵运曾这样评价他："天下才有一石，曹子建独占八斗。"从此后人就用"才高八斗"来形容一个人很有才华。

不拘小节，失宠失意

尽管曹操非常喜欢曹植，可他对曹植"狂放不羁，任性而为，饮酒不节"的个性极为不满，因此在之后的立嗣争斗中，曹植始终处于不利的地位。

一次，曹操领兵出征，曹丕、曹植一同送行。临行前，曹植当面诵读了一段赞誉曹操丰功伟绩的篇章，众人听后，连声称赞。这时，谋臣偷偷地对曹丕说道："你父亲要去打仗了，你只需表示自己很难过就行了。"曹

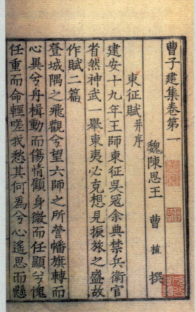

◀《曹子建集》书影

曹植，字子建，以笔力雄健和词采华茂见长。有文集三十卷，已佚，今存《曹子建集》为宋人所编。

▶**曹植七步成诗**

相传曹丕非常嫉妒曹植的才华，多次找机会想将曹植置于死地。有一次，他命曹植在七步之内作一首诗，办不到的话就要将曹植处死。

丕依计行事，流着泪为父亲送行，曹操为之动容，也流泪不止。

曹植是个洒脱不羁之人。一次，他不理宫中规矩，在宫中乘着马车四处乱跑，还私自将宫门打开并溜了出去。得知此事后，曹操勃然大怒，将主管宫门的公车令处死了，从此更加不喜欢曹植。

又有一次，曹操命曹植率兵出征。曹丕知道曹植嗜酒如命，就提前带着一壶好酒去找曹植畅饮，结果曹植喝得烂醉如泥。这时，曹操命人来找曹植，可叫了好久，他还是没有任何反应，因此愤怒的曹操取消了让他带兵出征的命令。

之后，曹丕又多次设计陷害曹植。而曹植不拘小节，屡犯法禁，每次都会惹怒曹操。相比之下，曹丕则比较擅长掩饰自己的缺点，因此他逐渐在立嗣之争中取得优势地位。

为兄所嫉，七步成诗

当初，自汉献帝将都城迁到许县后，曹操就掌控了朝中大权，但他一直没有称帝。

220年，六十六岁的曹操病亡于雒阳。曹操去世后，曹丕继承了丞相和魏王之职，独揽朝政。不久，曹植被人告发，说他常常酗酒骂人，还将曹丕派去的使臣关押起来。曹丕闻听此事后勃然大怒，赶紧命人将曹植押到朝中审讯。

曹丕生性多疑，他一直嫉妒曹植的才识，于是想利用这次机会，置曹植于死地。二人之母卞氏得知此事后十分着急，赶到曹丕面前替曹植说情，恳求他看在亲兄弟的情分上，放过曹植。

有文献记载：曹丕安抚了母亲，接着接见了曹植，命他在七步之内作一首诗，如果能办到，就免其死罪。

曹植稍稍想了一会儿后，就踱起步子，一面向前走一面说道："煮豆持作羹，漉菽以为汁。萁在釜下燃，豆在釜中泣。本是同根生，相煎何太急？"曹丕听后，有些惭愧，他也认为自己逼迫弟弟太过，又考虑到母亲的恳求，于是就免了曹植的死罪，但是降低了他的爵位。

曹丕称帝后，曹植又多次徙封，因此他的内心非常愁苦抑郁。曹丕病亡后，他的儿子曹叡登基。曹植曾多次奏请皇帝重用自己，可都未能如愿，最终他四十一岁时在其封地陈郡（今河南一带）抑郁而亡。曹植生前曾为陈王，死后谥号"思"，因此后人称其为"陈思王"。

曹丕称帝的第二年，即221年，刘备也在蜀地正式称帝，国号为"汉"，史称蜀汉。同年，刘备为报失去荆州、痛失大将关羽之仇，贸然出兵攻打东吴，输给了东吴主将陆逊——夷陵之战中，陆逊设计火烧连营，刘备惨败。不久，刘备抑郁而终，从此蜀汉国力日渐衰微。

约公元184年~公元280年
//////////三国纷争//////////
刘备称帝伐吴

为雪前耻，执意伐吴

孙权夺回荆州后，他和刘备的矛盾全面激化，孙刘联盟彻底破裂。221年，刘备称，帝国号为"汉"，历史上称蜀汉，都城为成都，年号章武。一个月后，为了替关羽报仇，刘备准备攻打吴军，并试图夺回荆州。蜀汉的大部分大臣都不同意此次出征，诸葛亮、赵云等都认为举兵攻打东吴对蜀汉无利，因此就多番劝诫刘备，说倘若曹丕知道孙刘联盟瓦解定会坐收渔翁之利。可刘备执迷不悟，根本听不进任何劝告。

正当刘备大力备战之时，大将张飞又被手下人杀了，其首级还被送到了东吴，刘备再次受挫。其他经受战争洗礼的老将中，马超身患重病，黄忠已经谢世，魏延驻守汉中，赵云又不同意出征东吴。无奈之下，刘备只能亲率兵马，并选拔冯习等新将随自己一起征讨东吴。

221年夏，刘备亲自率兵攻打东吴。那时，吴蜀双方的重要通道是长江三峡。刘备命以大将吴班、冯习为首的四万先锋军去占领峡口，随后蜀军攻进了东吴境内，并战胜了吴将李异率领的水兵，从而占领了巫县和秭归。

猇亭相持，进退维谷

此时，孙权不断写信求和于蜀汉，诸葛亮也劝说刘备停止作战，可一直想要报仇雪恨的刘备却坚持己见。孙权紧急备战，命右护军、镇西将军陆逊为大都督，率领朱然、潘璋、韩当、徐盛、孙桓等部队共五万兵马赶赴前方抵抗蜀军，期间他还派使者出使曹魏，称臣求和，以此来避免腹背受敌。

此后，刘备继续东征，并在秭归靠江之处安营扎寨，他误以为荆州一带的割据势力会纷纷起兵反吴，于是就命先锋停留在秭归，伺机等待东吴后方发生叛乱。就这样，他一直在此地浪费了五个月，可整个荆州仅有五溪蛮起兵反叛了东吴。刘备不想继续拖延下去，于是就率军东下。

吴将陆逊知道蜀军此时士气如虹，士兵人数也比自己多，因此就细细研究了一下三峡的地形特征，发现这里陆地陡峭险要，水路也很艰险，非常不利于吴军防守和补给。因此吴军必须先避开蜀军的攻势，采取撤兵之策，等待时机再攻打蜀军。陆逊果断率兵地后撤到了夷道（今湖北宜昌西北）、猇亭（今湖北宜昌东）一带，并在夷陵布下了重兵，以阻止蜀军攻打东吴。如此一来，吴军就挡住了三峡口，使对方处于不利地位。

陆逊参透了地形，抓住了时机，以退为进，逼得蜀军无法发挥自己的优势。刘备军被困于三峡险路，进退维谷，渐渐地失去了优势。

自222年春起，陆逊就占领着三峡的险要之处，坚守不出，吴蜀两军开始了长时间的对峙。蜀军急着出战，因此就多次挑战吴军，可吴军始终坚守不出。刘备还多次命人去吴军营前骂阵，试图惹恼陆逊，可陆逊丝毫不予理会。刘备又命人

〉〉〉曹营大将于禁率大军解救被关羽围困的曹仁。天降暴雨，汉水暴涨，于禁七军被淹。关羽率军乘船猛攻，生擒于禁，斩杀庞德。

▲刘备兴兵

221年夏，刘备亲自率兵攻打东吴。那时，双方的重要通道就是长江三峡。刘备命以大将吴班、冯习为首的四万多先锋军去占领峡口，蜀军随后攻入东吴境内。

少年读全景中华上下五千年·3·魏晋风骨

三国纷争·青梅煮酒论英雄

在山中设下伏兵，命水兵将士弃船登岸，率几千人扎营于平地，来挑战吴军。接着他又命作战力强的将士潜伏于四周的山谷里，试图诱使吴军发起进攻，可还是没有取得任何成效。

双方就这样对抗了三个月，蜀军渐渐没有了作战士气，加上那时正是炎热的夏天，蜀军士兵个个身心疲惫，也就不再准备攻打吴军了。陆逊觉得攻打蜀军的时机已经成熟，于是就决定反击蜀军。而蜀军全军分散在吴国境内二三百千米的坎坷山路上，为陆逊实施自己的作战策略提供了有利的条件。

火烧连营，蜀军惨败

在举兵反击前，陆逊首先命前锋军做了一次试探性的反攻，尽管战败，可他却发现了制胜之法。由于蜀军营寨均由木栏筑成，其四周又都是树木、茅草，只要有一点火苗，就能烧成一片火海，如此一来，吴军就能在乱中获胜。于是陆逊命每个吴军将士都拿着一把茅草，趁夜袭击蜀军营地，并顺风纵火。顷刻间蜀军营地火光冲天，陆逊趁机大举反击，逼得蜀军向西后撤。

吴将朱然带领五千兵马战胜了蜀军的前锋军，协助韩当所部将蜀军包围在了涿乡（今湖北宜昌西），这样蜀军的后路就被截断了。激战中，吴军杀死了蜀将张南、冯习和蛮王沙摩柯等人，又相继占领了蜀军的四十几座营地，接着又利用水兵切断了长江两岸蜀军的联络。此后，杜路、刘宁等蜀将纷纷放下兵器归降了吴军。

蜀军大都溃散而逃，刘备也逃到了夷陵西北的马鞍山，并命蜀军依靠天险自卫，还让属下将领傅彤在其后引导蜀军自水路后撤。陆逊调集全部兵力围剿蜀军，傅彤所率蜀军几乎全军覆没，傅彤最后也战死沙场。吴军趁势追杀，消灭了大

部分蜀军。刘备被吴将孙桓一路追杀，险些遭擒。刘备趁夜杀出重围，逃到了石门山（今湖北巴东东北）。

此时，赵云军队和马忠所部赶来援助蜀军，刘备才幸免于难，他们逃到了白帝城（在今重庆奉节）。得知刘备率军后撤到白帝城后，吴将徐盛、潘璋等人想要趁势追杀。陆逊害怕曹魏以帮助吴国征讨蜀国为名趁机突袭吴国后方，因此决定赶紧撤军回去。就这样，夷陵之战以吴军大胜而告终。

忧虑成疾，临终托孤

夷陵之战中，陆逊准确掌握蜀军情况，以撤退之势诱导蜀军，致使其疲惫不堪。接着他又抓住时机巧施火烧蜀营之计，使得吴军反守为攻，以弱胜强，展现了他超凡的军事才干。而多次征战沙场的刘备却惨败而归，这主要是因为刘备内心有太多仇恨，心浮气躁，逞强冒险，急于取胜，犯了兵家之大忌。在制定作战策略时，他没有仔细察看地势，致使蜀军处于进退无门的窘境；在吴军奋力反抗之时，他没有适时更改作战计划，却到处建营，致使兵力分散，处于被动之势，并最终导致蜀军大败，实在让人唏嘘不已。

看着随自己出征东吴的数万将士所剩无几，刘备悔恨交加，痛心不已。他率领少量士兵狼狈地逃到白帝城后，不久就病倒在永安宫。刘备一病不起，想到蜀汉还不稳固，他最为太子刘禅担心，因为刘禅胸无点墨，胆小怕事，根本就不具治国之才。万一自己去世了，蜀汉的统治怎么维持下去呢？

他知道自己时日不多了，就想把朝中重臣召集过来，和他们一起商讨自己的身后之事。于是他命人日夜兼程赶往成都，将丞相诸葛亮和辅汉

〉〉〉关羽攻樊城时，吴将吕蒙用"白衣过江"之计偷袭荆州治所南郡，关羽回救不及，败走麦城，被吴将所杀。

将军李严等人请了过来。诸葛亮来到永安宫后，见刘备面容枯槁，衰老了不少，痛心不已。

刘备让诸葛亮坐到床边，对他说："丞相是天下的奇士，我幸运地得到你的鼎力相助，成就了这样的事业，建立了蜀汉。可是因为我固执己见，没有听从丞相的劝诫，遭受挫败，真是悔恨不已。现在我病重难愈，恐怕活不了多久了，太子无能，只得将朝中事务交与你处理。"说完这番话，刘备已是老泪纵横。诸葛亮也心痛不已，哽咽着说道："希望陛下保重身体。只要我们君臣一心，蜀汉一定能繁盛起来。"刘备摇了摇头，想要说话，见马谡等将领站在旁边，就让他们都退下去。

刘备向诸葛亮说道："马谡这人虚有其表，只会说不会做，不能处理重大事情，丞相你一定要慎用他。"说完，刘备又把将领们叫了进来，拿笔写下了遗诏，并将其交与诸葛亮，慨叹道："我真想和大家一起率兵北伐，除掉曹丕，可惜我无能为力了。劳烦丞相把遗诏交与太子刘禅，以后朝中事务还望丞相大力辅佐。"

诸葛亮跪地叩首，接过遗诏，说道："多谢陛下抬爱，臣一定会竭力帮助太子，效忠国家。希望陛下保重身体。"

刘备让人将诸葛亮扶了起来，一手擦泪，一手握住诸葛亮的手说道："我时日不多，一定要和你说几句知心话。"诸葛亮严肃聆听。刘备说道："你的才干比曹丕强十倍，一定能一统天下，建立一番大业。至于太子刘禅，你能帮就帮，要是他真的成不了大事，就请丞相取代他的位置。"

诸葛亮听完这番话，哭着说道："我一定竭尽全力辅佐太子，誓死为国效忠。"接着，刘备又再次下诏给刘禅，让他像对待自己的生父那样对待丞相。

不久，刘备辞世，时年六十三岁，谥号为昭烈帝。

▼刘备遗诏托孤

关羽被吴军杀害以后，刘备报仇心切，亲自率军攻打东吴，结果大败，他自己也病倒在白帝城。刘备知道自己将不久于人世，便派人日夜兼程赶到成都，请诸葛亮到白帝城，以嘱托后事。

孙权十九岁时接替兄长孙策的位置，统领了江东。赤壁一战中，他和刘备联手打败了曹操，为三国鼎立局面的形成打下了根基。在与魏国展开的濡须之战中，孙权运筹帷幄，计谋得当，使曹操这一叱咤风云的英雄人物发出了"生子当如孙仲谋"的感叹。之后，孙权又与曹操联手，从刘备手上抢回了借出的荆州……三国之争中，孙权领导的东吴，作为一股不容忽视的力量影响着天下大势。229年，他终于正式登基为帝，国号为吴，后迁都建业。

约公元184年~公元280年
三国纷争
孙权建吴

豪杰少年，初领江东

孙权，字仲谋，是孙策的弟弟。他从小跟着兄长南征北战，先打败了庐江太守刘勋，又战胜了江夏的黄祖，因此积累了不少作战经验，在孙策一统江东之时出谋划策，立下了汗马功劳。

后来，孙策遇刺身亡，江东出现了混乱局面。而那时，孙权还很年轻，又刚刚接掌政权，江东地区多数豪雄侠士都怀疑他能不能掌管江东，有的贤士甚至觉得江东局势不好而投靠别人去了。

尽管能力被质疑，可孙权并没有动摇，他牢记孙策临终遗言"内事不决问张昭，外事不决问周瑜"，谨慎行事，谦恭地求教于人，同时招贤纳士，重用人才，鲁肃和诸葛瑾等人就是此时投奔他的。此后，江

东局势逐渐好转，孙权的政治地位也更加稳固了。

雄韬伟略，力据东吴

203年，孙权向西攻打黄祖以报父仇，但他多次攻打江夏郡，都无功而返。此时，居于江东六郡的山越又起兵反叛东吴。孙权先后两次派兵大举攻打山越，为了强化统治和管理，他还在山越人的居住地建立了县治。208年春，在平定山越后，孙权再次起兵讨伐黄祖，并一直打到了江夏。不久，大将吕蒙战胜了黄祖的前锋军，凌统、董袭等人一举占领了江夏大部，杀了黄祖，胜利班师。

荆州刘表去世后，孙权命鲁肃赶去其长子刘琦处奔丧，借此察看荆州的局势。此前，因为曹操领兵南下，并逐渐逼近荆州地界，刘表的儿子刘琮已经率领众臣归降了曹操，而刘备等人则与刘琦驻守在江夏。当时，由于有了刘表悉心操练的水兵的帮助，曹操水军的作战能力有了很大提高，因此曹操对江东志在必得，还命使臣送挑战书给孙权，宣称自己会带领军队迎战孙权。江东军民惊恐万分，在鲁肃、周瑜和诸葛亮的多番劝告下，孙权同意和刘备联手抗击曹操，还命周瑜领兵援助刘备。孙刘联军在赤壁战胜了曹军。为了稳固联盟关系，孙权还

◀孙权像
孙权，字仲谋，三国时东吴的开国君主，222年称吴王，229年正式称帝，建立吴国。

▶ "大泉五百"铜钱

孙权称帝后，东吴于236年春铸造了"大泉五百"铜钱，与当时的五百枚五铢钱等值，随后又相继铸造了"大泉当千""大泉二千"和"大泉五千"，面额越铸越大，物价则越来越高，百姓深受其苦。

机应变，使得东吴在乱世中占据主动地位。他不仅扩大了自己的领地，稳固了自己的政权，还为之后创立吴国打下了牢固的根基。

审时度势，建立吴国

223年，东吴重臣奏请孙权，希望孙权登基为帝。孙权觉得时机尚不成熟，拒绝称帝。孙权的忧虑不无道理，当时野心勃勃的曹魏和蜀汉都不会甘心只统治他们的领地，他们正在休养生息，为一统天下作部署。要是孙权现在登基为帝，曹魏和蜀汉一定会一起发兵攻打东吴，这样孙权就会两面受敌，根本无力对抗，因此他决定暂缓称帝之事。229年，曹丕已过世，东吴和蜀汉的盟友关系也已牢固，孙权终于登基为帝，建立了吴国，改年号黄龙。

和刘备结成了姻亲。

赤壁之战后，刘备向孙权借得荆州五郡，扩大了自己的势力范围。214年，刘备进占了益州。孙权命谋臣诸葛瑾赶去要回荆州各郡，刘备却诡辩推托，拒不交还。勃然大怒的孙权命吕蒙、鲁肃率兵猛攻，刘备也起兵备战，双方争夺荆州的战事一触即发。这时，曹操领兵攻进汉中，刘备忧虑后方失守、益州被占，就赶紧撤兵支援益州，并求和于孙权。孙权觉得自己部署得也不充分，就决定重修旧好，因此双方以湘水为界，分割了荆州。

后来，鲁肃去世，吕蒙接替他的位置统辖荆州，并献计攻打关羽，夺回整个荆州。孙权觉得此计可行，就和刘备断绝了关系，转而称臣于曹操。之后，吕蒙白衣渡江，俘杀关羽，占领了整个荆州。曹操奏请献帝封孙权为骠骑将军、荆州牧，并授孙权南昌侯的称号。

221年，刘备登基称帝，接着就起兵攻打东吴，以报荆州被占、关羽被杀之仇。孙权一边抗击刘备，一边和魏文帝曹丕商谈称臣一事，以免两面受敌。孙权还命大将陆逊领兵抗击刘备，两军激战于夷陵，最终刘备大败，于白帝城病亡。接着，孙权不再称臣于曹魏，而是再次和蜀汉联手，两次打败南下的曹丕军队。孙权以自己的才智，随

▼ 南京石头城遗址

赤壁之战后，孙权将治所迁至秣陵（今南京），次年就在清凉山原有城基上修建了著名的石头城，作为吴军最主要的水军基地。

吴国与蜀汉再次联手后，为了镇压南中地区少数民族的叛变，诸葛亮率兵征讨南中地区。在短短两个月的时间里，诸葛亮就占领了越巂、永昌等地，基本消灭了叛兵，只有孟获还率领少数反抗势力顽固抵抗。为了让孟获心悦诚服，彻底征服南中地区的反叛势力，诸葛亮七擒孟获，七次将其放回，为后世留下了一段佳话，《三国演义》中有非常精彩的描写。

约公元184年～公元280年
//////////三国纷争//////////
诸葛亮七擒孟获

诸葛亮率兵南下攻打雍闿时，大军所到之处势如破竹。他先命李恢、马忠两员大将镇压了越巂等郡的叛变，铲除了高定等军阀，接着命人探得了孟获的具体作战计划，并得知孟获是个有勇无谋之人。于是，诸葛亮据此制定了具体的作战策略。

亲力亲为，南征平乱

夷陵之战后，蜀汉损失惨重，益州郡强权势力雍闿就借机起兵叛变，他还煽动南中的少数民族首领孟获和自己一同叛变。后来，蜀汉与孙吴恢复联盟，经过两年的准备后，诸葛亮亲率大军南下征讨雍闿。临行前，驻守成都的参军马谡献计道："南中地形险峻、偏僻，雍闿等人早就想叛变朝廷。现在我们靠武力将他们征服了，他们日后定会再次叛变，武力镇压乃是下策，让他们心悦诚服才是上策，因此此次出征的目的不在攻城略地，而在拉拢人心，丞相觉得如何？"诸葛亮称赞道："我也是这么想的，孟获在蛮夷之地有着很高的名望，我们应该化敌为友，让他诚服于我们，为我所用。"

七擒七纵，收服人心

一日，蜀军将领王平突袭孟获营地。孟获匆忙迎敌，双方才打了几个回合，王平就调转马头逃

▶诸葛亮七擒孟获
诸葛亮七擒孟获，平定了蜀汉南中地区的叛乱，保证了北伐战争中后方的稳定。

▶双耳朱提堂狼铜洗

铜洗内刻有"朱提堂狼"字样。朱提郡在今云南昭通一带，堂狼为朱提郡内的一座山。铜洗为当地常见的日用品，作用大概与汉人所用的盆相同。

跑了。孟获趁势追击，追到半路时，埋伏于此的蜀军杀了出来，把孟获军打得四散而逃，擒住了孟获。蜀军把孟获押到中军大帐，孟获以为自己必死无疑，可没想到，诸葛亮却亲自为他松绑，并好心劝他归降蜀汉。孟获不甘心地说："这次是我自己大意，所以才上了你的当，我怎么可能臣服于你呢？"诸葛亮笑着说："这样也好，那我们就再打一仗。"接着他陪同孟获一起察看了蜀军的营地和阵势，并问孟获："你觉得我们的兵马怎样？"孟获傲慢地说："之前我不知晓你军的情况，所以让你们得胜了，现在我已经知道了你军的阵势，自然心里有数，定能打败你们。"诸葛亮大笑道："你如果真这样认为，就快回去部署作战策略吧，我们战场上再见。"

孟获返回营地后，发誓要一雪前耻。他挑选了一支作战能力极强的队伍。一天夜里，月黑风高，孟获亲率精兵去突袭蜀营。当他到了蜀营时，仍未有蜀军拦截，孟获大喜。他一挥军刀，将士们蜂拥而上，冲杀进蜀营，却发现营内空无一人，孟获这才知道自己又上当了，于是赶紧下令撤退。就在这时，蜀营周围火光四起，蜀军排山倒海般地袭来，将孟获军团团包围，孟获再次被擒，又被押至蜀军帐内。诸葛亮问他："你服气吗？"孟获答道："这次是我自找苦吃，要是我们在沙场上实实在在地较量一番，我才会认输。"诸葛亮不想强迫他，就又为他松了绑，还用好酒好肉款待了孟获和他的士兵们。饭后，诸葛亮对他说："行了，你们回去吧，我们以后再战。"

经过这两次的较量，孟获领教了诸葛亮的谋略，因此不再敢莽撞出战。他率兵撤退到了泸水南岸，并在此用泥土垒建营地于此，他心想："泸水是一道天险，加上蜀军来自北方，定会水土不服，现在正值酷夏，疫情肆虐，蜀军定不能在此长留。"就在孟获神气十足、高枕无忧时，诸葛亮命一队将士来到泸水北岸，假装要渡到南岸去，以此来引诱孟获的主力。接着诸葛亮又命两路精兵分别自泸水上游和下游水流缓慢处偷偷地渡到南岸去，两面夹击孟获军。孟获军后方没有任何防御，他们以为来袭的蜀军是下凡的天兵天将，顿时乱了阵脚。蜀军很快占领了孟获的营地。

孟获再次被俘，可他还是强词夺理道："汉人真是太狡诈了，我的后方毫无防备，可你们却突袭我们，我还是不会臣服于你们的。"诸葛亮又一次放了他。就这样，诸葛亮连续七次擒住了孟获，又放了他七次。最后一次被诸葛亮释放时，孟获为之所动，泪流满面地说道："丞相对我仁至义尽，我极为敬佩，今后我们南人将永不叛变。"诸葛亮大喜，赶紧命将士设下宴席以庆祝此事。在宴席上，诸葛亮庄重地说道："蜀军会退出现在所占领的所有土地，这里仍由孟获统辖。"此后，南中地区安定团结，蜀汉再无后顾之忧。

约公元184年~公元280年
//////////三国纷争//////////
诸葛亮挥泪斩马谡

诸葛亮平定了南中地区的叛乱后，计划北伐曹魏。正在此时，曹丕病亡，其子曹叡登基，即魏明帝。诸葛亮认为攻打曹魏的时机已经成熟，遂率兵北上。临走前，他写了一篇表文呈给后主刘禅，以此来表达自己想要统一天下的决心，这篇表文即是闻名后世的《出师表》。在赶往祁山的途中，蜀军战无不胜，吓得曹军落荒而逃。但因为马谡大意失街亭，使诸葛亮刚刚占领的天水、南安、安定三郡又被夺走，蜀汉首次北伐宣告失败。

呈出师表，首征祁山

南中平定，吴蜀联盟日趋巩固，这样蜀汉就没有了后顾之忧。精心准备多年后，227年冬，诸葛亮率兵进军汉中，开始实施整个北伐战略。

出征前，诸葛亮给后主刘禅呈上一篇表文，这就是闻名后世的《出师表》。在《出师表》中，诸葛亮告诉后主要有远大抱负，不要妄自菲薄，要亲近贤士，远离小人；还郑重表明自己会担起复兴汉室的重担。

此次北伐，诸葛亮采用声东击西之计，命赵云、邓芝假装进占箕谷，攻击郿城（今陕西眉县）。魏将探得此事，信以为真，就立即命主力大军前去

驻守郿城。诸葛亮则亲率主力兵马从西路突袭祁山（今甘肃礼县）。

蜀军在诸葛亮的潜心操练下，不仅军容齐整，而且士气旺盛。刘备去世后，蜀汉很少出兵攻打他国，因此魏国也没有做充分的防御工作。此次蜀军突袭祁山，驻守祁山的魏军自然招架不住，相继大败而撤。蜀军趁势追击，祁山北边天水、南安、安定等三个郡的将领都相继归降于诸葛亮。

蜀军所到之处势如破竹，魏国朝廷为之震惊。当时，魏文帝曹丕已经病亡，他的儿子魏明帝曹叡赶紧命大将张郃带领五万兵马赶去祁山抗击敌军，并御

▲孔明挥泪斩马谡
诸葛亮为了蜀汉鞠躬尽瘁，可百密终有一疏，命马谡守街亭是他一生中少有的重大失误。

〉〉〉孙权率军进攻江夏郡，魏明帝命文聘坚守城池。魏吴双方相持一段时间后，孙权退兵。

驾亲征，前去长安监督作战。

诸葛亮占据祁山后，下一步打算攻打长安，他命一路兵马前去驻守街亭，以此作为据点。街亭是进出汉中的重要关卡，是兵家必争之地，在攻打长安一战中起着关键的作用。可让谁领兵去驻守街亭呢？诸葛亮考虑再三，最终舍弃了那些经验丰富的老将，而选择了参军马谡。

马谡通晓典籍，平日里也喜好谈论兵法，为此诸葛亮常常叫他来与自己一起商议兵事。他很有见地，颇具谋略，因此一直很得诸葛亮的信赖。

刘备生前发觉马谡浮躁，不踏实，因此临死时曾嘱咐诸葛亮："马谡言过其实，难成大事，不要对他委以重任，要多加观察。"可诸葛亮并没有太在意，这次他命马谡做前锋时忽然想起了刘备说过的话，因此又封王平做了马谡的副将，还在临行前多次叮嘱马谡，让他加强守卫，坚守街亭。

痛失街亭，北伐告败

马谡和王平带着兵马来到了街亭，正赶上张郃率魏军从东方迎了过来。马谡察看了一下地势，就自作主张道："这个地区地势险峻，街亭边上有座山，我们在山上驻兵，伏击敌军。"王平劝告他要按照诸葛亮的嘱托部署作战计划，不可依山扎营，而应在道口安营扎寨。马谡没有作战经验，认为自己通晓兵法，因此根本听不进王平的告诫，固执地在山上扎营，只分了一千兵马给王平，命其在附近山下扎营。

此时，张郃带领十万兵马到了街亭。他见马谡弃守完好的城池而在山上扎营，内心暗暗高兴，并立即命属下兵将在山下扎营，包围马谡，切断水源，让蜀军无法下山，更无法补充军粮。

马谡这时才慌了手脚，命将士冲下山去，以此突围。可张郃率魏军死守营地，蜀军多次突围未果，损兵折将，损失惨重。

没有了水源和军粮，蜀军逐渐失去了气势，军心动摇。张郃抓住时机，与蜀军展开激战。此时，蜀军早就没有了作战的意志，四散而逃，马谡无法阻挡蜀军溃逃，只得带着残兵败将逃跑。

王平闻听马谡战败，就命将士竭力敲鼓，佯装出兵之势。张郃怕遭到蜀军伏击，不敢靠近王平兵马。王平整队，从容不迫地向后撤兵，一千兵马完好无损，沿途还接纳了很多马谡部下的散兵。

但是街亭失守，不但使蜀军失去了进攻长安的战略据点，还使其原定的作战部署被打乱了。为了避免更大的损失，诸葛亮决定将蜀军全部撤回汉中。

挥泪斩马谡

返回汉中后，诸葛亮详细地询问了街亭失守的缘由，才知此事都是马谡之过，要不是他擅自做主，不按规定行事，街亭就不会失守。马谡也觉得是自己的错误指挥才使街亭失守。尽管诸葛亮和马谡的私交很深，可他没有因私情而违反军纪，坚决地把马谡投进了牢里，接着他又依照军法处死了马谡。在此次战役中，王平不仅尽力劝说马谡，在撤兵时又巧施计策保住了一千兵马，立下了大功，因此诸葛亮升王平为参军，命其统领无当飞军。

之后，诸葛亮又奏请刘禅以自己用人不当、致使北伐失败为由降罪于自己，他还自请降职三级。此后，诸葛亮的职位变为右将军，但仍处理丞相之事。

后来，蒋琬赶到营中参拜诸葛亮，并问道："目前战事不断，天下动荡，正是急需将领之时，

可您却把马谡这么有能力的人给杀了，您不惋惜吗？"诸葛亮叹道："春秋时，孙武因军纪严明才屡获胜利。如今我们以法治国，要是不严明纪律的话，又如何征讨外敌呢？祁山一战，我军惨败而回，这都是因为我用人不当。日后我们要更加谨慎，这样的错误绝不可再犯。"此后，诸葛亮就留

驻汉中，并积极操练将士，整饬军队，其间他还储存军粮，等待时机再次北伐。

诸葛亮为了蜀汉鞠躬尽瘁，可百密一疏，命马谡守街亭是他一生中少见的重大失误。马谡清高自傲，不听取别人的意见，肆意妄为，不仅使得战事惨败，更让自己身败名裂。

▶诸葛亮撤兵

〉〉〉魏明帝命司马懿率兵讨伐辽东。司马懿率牛金、胡遵等四万人，从京师出发，攻破襄平，杀公孙渊。

◎看世界／西哥特入侵希腊　　◎时间／395年　　◎关键词／阿拉里克

约公元184年~公元280年

//////////// 三国纷争 ////////////

刘禅丧国乐不思蜀

诸葛亮去世后，尽管蒋琬和费祎全力协助刘禅治理国家，可刘禅软弱无能，胸无大志，整日饮酒作乐，对国家大事不闻不问，蜀汉国势日衰。这时，宦官黄皓趁机掌控了大权，搞得朝中上下更是乌烟瘴气。263年，魏将钟会、邓艾率军大举进攻蜀汉。邓艾部所向披靡，势如破竹，兵临成都城下，胆小怕事的刘禅打开城门归降。于是，魏军不费吹灰之力就占领了成都，昏君刘禅将刘备、诸葛亮等人经营数十年的蜀汉政权拱手送给了他人。

昏聩无能，断送江山

刘备的长子刘禅，字公嗣，乳名阿斗。刘备去世后，他于成都登基称帝，时年十七岁。刘禅懦弱无能，加上登基时年纪还小，所以将国家所有事务交由诸葛亮、蒋琬、费祎等人全权处理。诸葛亮在世时，刘禅谨记刘备遗训，奉之如父，所以不敢胡来。可诸葛亮过世后，刘禅就开始胡作非为，贪享安逸，不理政事，宦官黄皓趁机得到刘禅的宠信而执掌了大权。黄皓残害贤臣名将，大臣姜维为了自保，只得离开成都。这时，蜀汉人才流失，朝廷又不招纳贤士，国内混乱不堪，因此很快就衰落下去了。

263年，蜀汉国内空虚，魏国趁机兴兵讨伐，大将邓艾屡战屡胜，接连占领了江油和绵竹，迫近成都。危急时刻，为了能够活命，刘禅竟献出了玉玺，率领群臣归降了魏国，就这样拱手把蜀汉送给了魏国。

蜀汉覆灭后，后主刘禅暂时还留守成都。之后，魏将钟会和假意投降他的姜维策动政变，想在成都自立，但未成功。生性多疑的司马昭当时执掌魏国大权，他从中得到警示，觉得让刘禅留守成都不是上策，如此可能后患无穷，因此就命人将刘禅"请"到了洛阳。

到了洛阳后，司马昭以魏元帝之名封刘禅为安乐公。刘禅原本胆战心惊，害怕去了洛阳就会丢掉性命，可出乎意料的是，司马昭不仅没有处斩他，还赏赐了宅院和薪俸，并拨了一些奴仆给他，接着又封刘氏子孙和蜀汉旧臣五十多人为侯。此后刘禅就安心了，并非常感激司马昭和魏帝，从此长住洛阳。事实上，司马昭这样做，只是为了拉拢民心，好让人们都知道自己的善举，借此稳固原蜀汉地区的局势。

乐不思蜀的败家子

一次，为了试探刘禅，司马昭设宴招待刘禅和蜀汉旧臣。席间，司马昭特意让一些歌女表演蜀地的歌舞。在优美的音乐声中，歌女们翩翩起舞，这勾起了很多蜀汉旧臣的思乡之情，思乡之心和亡国之痛交织在一起，使得他们纷纷落泪，可刘禅却陶醉其中，还不停评说谁唱得好，谁跳得好，兴起时，甚至会手打节拍，跟着哼唱。蜀汉旧臣见他这个样子，都非常痛心和无奈。司马昭静观眼前这一切，并问刘禅："您到洛阳很长时间了，不想念蜀地吗？"刘禅毫不在意地答道："这里很好，我很愉快，根本就不会想念蜀地。"司马昭听完，心里暗想，没想到刘禅这位亡国之君竟然丝毫不思念故土。司马昭对自己的亲信慨叹道：

〉〉〉日本邪马台国女王卑弥呼派使者到魏，魏明帝封卑弥呼为"亲魏倭王"。此后中国文化开始大规模传入日本。

▲阿斗柏

传说蜀汉灭亡后，后主刘禅被押往洛阳，途中曾在这棵柏树下躲雨。蜀汉百姓怨恨刘禅愚懦，迁怒于这棵柏树，曾试图将其烧掉。

"之前虽听说过刘禅昏庸腐败，没想到他竟如此没有志向，就算诸葛亮活到这个时候，怕也不能挽救蜀汉政权了。"

蜀汉群臣对后主刘禅这种窝囊的表现感到痛心和不满。郤正对刘禅说道："您是高祖之后、先帝之子，尽管蜀汉灭亡了，我们被迫依附于别人，可也不能遭人嘲笑。要是司马昭再问您想不想念故国，您就含泪说'蜀地还有先人的陵墓，尽管我无法去拜祭，可我时时都在想念着他们'。您在说这话时一定要表示出很哀伤的样子。"刘禅听后，就点头答应。

一日，司马昭又问刘禅："您在这里住得惯吗？想念故国吗？"刘禅记起了郤正的教导，就照着他的话说了一遍。虽然他竭力想表现出很悲痛的表情，可怎么也流不出泪来，于是就紧闭双目想挤出眼泪。司马昭见他样子很怪异，早已猜出了个大概，因此就笑着说道："您这语气和神情好像郤正。"刘禅听完这话，立即睁开双眼，惊异地问道："您是如何知道的？我就是照他说的做的呀！"刘禅说完，司马昭和随从们都不禁笑了起来。

司马昭认定刘禅是个昏聩无能之人，根本不会威胁到自己的统治，所以不再提防他。刘禅也因此而幸免一死，长居洛阳，寿终正寝，被后人称为"扶不起的阿斗"。

〉〉〉魏将邓艾在淮河流域兴修水利，开荒屯田。

魏国第二代皇帝明帝去世后，其养子曹芳登基为帝，时年八岁，司马懿和曹爽共同辅政。由于新帝年幼无知，无法处理朝中事务，这两个权势极大的老臣趁机扩张自己的势力，都想独揽大权。在这场尔虞我诈的争斗中，司马懿终占上风。249年，曹爽去高平陵祭拜，司马懿乘机策动政变，掌控了洛阳，消灭了曹爽等人。此后，司马氏家族独揽了曹魏朝政。

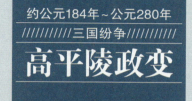

约公元184年～公元280年

////////// 三国纷争 //////////

高平陵政变

两臣辅政，互相排挤

239年，魏明帝曹叡于洛阳病逝，曹芳登基为帝，即魏少帝，时年八岁。按照先帝的遗训，大将军曹爽和太尉司马懿一起辅佐新帝处理政务。

司马懿才能超群，还是三朝元老，在曹操掌权之时，就曾协助曹操实施屯田，接着又在曹丕废除献帝、建立魏国、登基称帝的过程中作出了重要的贡献，因此深得文帝和明帝的信赖。

曹爽是已经过世的大司马曹真的儿子，按辈分来说，是魏少帝的皇叔。曹爽觉得自己是皇亲国戚，权位高过司马懿，因此一心想除掉司马懿，独揽朝政。因为司马懿在朝中德高望重，所以曹爽起初并不敢明目张胆地排挤他，碰到事情还会征询他的意见，不敢太过独断专行。渐渐地，曹爽开始

▶司马懿像

司马懿，字仲达，河内温县孝敬里（今河南温县）人，三国时期魏国杰出的政治家、军事家。其孙司马炎篡魏后，追尊其为晋宣帝。

和属下暗中策划从司马懿手里夺回大权。于是曹爽奏请少帝，说司马懿乃本朝老臣，不存二心，应尊奉他为太傅，少帝同意了。太傅名义上比太尉官职高，可实际上只是个没有实权的虚职。从此，曹爽独揽大权。司马懿对此非常气愤，可也没有什么办法改变局面。不久，曹爽又封其弟曹羲为中领军、曹训为武卫将军，让他们统帅禁卫军，他的其他亲属也都相继加官晋爵。曹爽如此大张旗鼓地发展自己的势力，引起朝中其他权臣的不满，渐渐地，大家就开始忌惮他了。

钩心斗角，司马装病

司马懿实在看不惯曹爽的独断专权，但碍于现在的身份又不便出面阻止曹爽，因此就干脆谎称自己旧病再犯，回家治病去了。从表面上看，他好像不再关心朝中大事，实际上他另有打算，正在努力拉拢亲信，伺机而动。

不久，为了祭拜先帝，少帝决定启程赶往高平陵。为了皇帝能顺利出行，祭祀典礼能成功举行，曹爽竭尽所能地做着相应的工作。闲暇时，他还担心司马懿是在装病。正巧自己的亲信李胜被调派到荆州做刺史，曹爽就命其前去打探情况。司马懿早就猜到了李胜来访的目的，因此他将计就计，蓬头垢面地躺在床上不起来。

李胜到来后，司马懿就病快快地倚靠在床上接待他。和李胜说话时，他故意胡说八道，装出一副语无伦次的样子；侍

▲（魏晋）木几
新疆尉犁营盘古城魏晋墓出土，呈椭圆形，四足，面稍凹，有榫。

者服侍他穿衣时，他假装颤颤巍巍地连手臂都伸不直，还把衣裳弄掉了；侍者伺候他吃粥时，他也假装吃不进去，嘴角边流满了粥，甚至连胸前也洒满了粥。司马懿惟妙惟肖的表演骗过了李胜，李胜相信他真的是个行将就木的人了。之后，李胜将自己见到的情形原原本本地禀告了曹爽，还说道："司马公说话语无伦次，形神涣散，就只剩一副病快快的身体了，我看他活不了几天了。"曹爽听完非常高兴，从此不再防范司马懿，而且更加肆意妄为。

司马懿顺利地蒙骗了曹爽后，就着手部署策动政变。司马懿的大儿子司马师是中护军，统率着京城的一些禁卫军。司马懿认为自己势力太弱，就暗地里招收蓄养了三千名死士，让他们分散在洛阳城的各个地方，等候命令。曹爽和他的党羽独揽朝政，朝中大臣多有不服。司马懿抓住这个时机，又命人暗中联络太尉蒋济等人，并得到了他们的响应和支持。

起兵夺权，曹爽被杀

249年正月，少帝曹芳依照安排乘车去拜祭明帝陵，曹爽和他的两位弟弟及朝中的文武大臣随同前往。皇帝率大队车马浩浩荡荡地奔向了位于洛阳城南边的高平陵。

出发前，素有"智囊"美誉的大司农桓范劝告曹爽说："大将军，你们兄弟几人最好不要一起离城，如果城中出了什么事端该如何是好呢？"可曹爽不以为然："谁有胆量这么做？"他觉得自己无人可敌，就草率地带领众人离开了京城。没想到，事情果真被桓范言中了。见少帝和曹家兄弟全部离开了京城，司马懿抓住这个机会，和他的两个儿子一起策动了政变。

司马懿封司徒高柔为大将军，命其占领曹爽的营地；封太仆王观为中领军，命其占领曹爽弟弟曹羲的营地。如此一来，司马懿就控制了曹氏兄弟手上的所有兵士。司马懿还命人紧闭洛阳的全部城门，接着又亲自带领将士占领了洛水浮桥，切断了曹爽等人的归路。之后，司马懿命人将经太后批示的奏章送给了皇帝曹芳。奏章中罗列了曹爽的全部罪行，并说太后已经同意罢免曹爽兄弟的职位。司马懿还命侍中许允、尚书陈泰等人劝告曹爽交出兵权，这样他才能保住爵位，还可返回洛阳的宅院，否则将按照军法处决。

收到奏章时，曹爽根本没有任何心理准备，顿时慌了手脚。此时，驻守洛阳的将军司马鲁芝、参军辛敞、大司农桓范逃到了曹爽军营。

司马懿听说桓范逃跑了，忧虑地对蒋济说道："桓范跑到曹爽那里去了，这该如何是好？"蒋济笑了笑，答道："尽管桓范很有谋略，可曹爽这个人目光短浅，还贪恋禄位、家室等眼前利益，根本就不可能听从他的意见。"

事情真如蒋济所言。曹爽此时垂头丧气，毫无斗志。桓范劝说曹氏兄弟把皇帝迁到许昌，接着再调遣外地的兵马来对抗司马懿；还分析说曹爽手中有司农印，根本不用忧虑军粮等后方供需之事。可不论桓范如何劝告，曹爽等人依旧举棋不定，最后竟然打算向司马懿投降，只求保全性命和家财。

见曹氏兄弟如此无能，胸无大志，桓范就号啕大哭道："曹子丹（即曹真）当年何等英勇无畏，他怎么会有你们这样的儿子！如今，我这个老头子也要被你们牵累而惨遭灭族了。"

曹爽放弃兵权后，司马懿不仅不遵守承诺，还软禁了曹爽等人，并命人严密监控他们的一举一动。曹爽见爵位、家财难保，便只想保全性命，苟且偷生。可司马氏一家在搜罗了曹爽谋反的一些证据后，就以犯上作乱为名处死了曹爽及其党羽，并诛他们的三族。

在高平陵政变中，司马懿彻底铲除了曹爽集团。司马氏家族不仅掌控了军政大权，还牢牢地掌控了曹芳这个有名无实的皇帝，从此权倾朝野，无人能及。

▼（魏晋）驿使图画像砖
出土于甘肃省嘉峪关市5号魏晋墓。

◎**看世界**／西罗马击败西哥特王　　　　◎**时间**／402年　　　　◎**关键词**／斯提里科

约公元184年～公元280年
///////// 三国纷争 /////////
司马昭之心

司马懿去世后，其子司马师接任他的位置掌控了曹魏大权。他注重争取和笼络曹魏势力，沿袭此前的政策法规，因此得到了民众的拥戴。此后，司马师又接连消灭了自己的政敌，并废掉了曹芳，让年仅十三岁的曹髦登基为帝。司马师去世后，他的弟弟司马昭执掌大权，彻底铲除了反抗司马氏的各方势力，极大地稳固了其专政统治，逐渐显露出改朝换代的野心，时人有云："司马昭之心，路人皆知。"

横行霸道，独揽朝政

当初，杀了曹爽后，司马懿执掌了魏国大权，可不到两年，他就过世了。其子司马师接替了他，独揽大权。司马氏愈加独断专行，一旦有大臣对他们表示不满，就会立即被杀死。魏少帝曹芳也非常憎恨横行霸道的司马师，知道司马师有篡位之心，想夺回军政大权，铲除祸患。于是曹芳集

▲（魏晋）营盘玻璃杯
新疆尉犁营盘魏晋墓出土。此为早期玻璃制品，呈半椭圆形，半透明，有光泽。

合亲信重臣，商讨策略，可曹芳还没来得及动手，司马师就胁迫太后，将曹芳废掉，改立曹髦为帝。镇东将军毌丘俭及扬州刺史文钦都对飞扬跋扈的司马师恨之入骨，因此就兴兵攻打他，却都以失败告终。

司马师去世后，其弟司马昭接替他成了大将军，统率全军。和父亲、兄长比起来，司马昭更加跋扈专权。

曹髦看见曹魏皇室威严不再，不甘心只做一个有名无实的傀儡皇帝，因此提笔写下了《潜龙》一诗。诗歌主要讲述了一条因伤受困的龙无法跳出深潭，无拘无束地升天入海，眼看泥鳅、鳝鱼等在面前张牙舞爪，只能深居井底、紧咬牙齿藏起龙爪。曹髦在诗中故以龙自比，表达自己无法施展抱负的抑郁心情。

不料有人向司马昭禀告了此事。司马昭大怒，就在朝堂之上公然呵斥曹髦道："我司马氏一家为魏国立下了汗马功劳，可你却说我们像泥鳅、鳝鱼？"曹髦听完此话，胆战心惊，司马昭看他不再出声，就冷笑着出去了。

司马昭当着满朝大臣的面羞辱自己，曹髦心中非常恼火，他知道司马昭早晚会废掉自己，自立为帝。因此他召集侍中王沈、尚书王经、散骑常侍王业等朝臣，暗中商讨除掉司马昭的计谋。曹髦愤恨地向他们说道："司马昭野心勃勃，路人都知道。我不能眼睁睁地看着他废掉我，所以才找你们商量对策。"尚书王经劝阻道："司马昭掌握朝政已久，重权在握，我们这么少的人马根本就不是他的对手，请陛下仔细斟酌。"可曹髦年轻气盛，把征讨司马昭的诏书扔在地上，激动地说道："我决心已定，成败在此一举，大不了一死，况且我还未必会死！"次日，曹髦就挥着佩剑，率领宫

〉〉〉西域僧人康僧会到建业译佛经，孙权为其修筑建初寺，佛教从此在江南兴起。

▲**曹髦驱车死南阙**
曹髦年轻气盛，极度不满司马氏专权，率宿卫和奴仆讨伐司马昭，最终惨遭杀害。

内的禁卫军、侍从、宦官杀向司马昭的府宅。

侍中王沈和散骑常侍王业害怕祸及自身，将此事禀告了司马昭。

于是，司马昭的亲信贾充率领一队兵马和禁卫军展开了激战。曹髦喝道："朕是天子，你们要弑君造反吗？"贾充的手下见到皇帝后有些胆怯，都没胆量前去阻挡，并纷纷后撤。

贾充的手下成济问怎么处理此事。贾充吼道："司马公养着你们，不就是要你们今天为他效力吗？"在贾充的呵斥下，兵将们立即大举冲杀过去。曹髦被成济手中的兵器刺穿了前胸，当场死亡。

司马昭听闻属下杀死了皇帝，也惊恐万分，立即集合大臣商讨对策。他一边假装悲痛，一边想着如何收拾残局，同时问尚书左仆射陈泰："这事该怎么处理？"陈泰答道："只有杀了贾充才能

〉〉〉曹爽采用心腹何晏、邓飏、丁谧之谋，把太后迁到永宁宫。此后，曹爽"专擅朝政，并掌禁兵，多树亲党，屡改制度"。司马懿不能禁止，渐生怨恨。

247年

◎看世界／罗马莱茵河驻军撤回　　　　◎时间／406年　　　　◎关键词／日耳曼人入侵

▼（魏晋）青铜獬豸
甘肃嘉峪关新城魏晋墓出土，身长70.2厘米，高23.5厘米。据说獬豸能分辨是非，驱邪避祟，故古时多用来镇墓。

向天下谢罪。"

司马昭听完这话，不愿照办，但为平息众怒，就以太后的名义下旨，将贾充贬为平民，并把弑君的罪名全都推到成济头上，随后以犯上作乱之名将他满门抄斩。

司马昭除掉曹髦后，又立曹操后辈中年仅十五岁的曹璜（后改名曹奂）为帝，即魏元帝。魏元帝完全被司马昭掌控，也是个有名无实的傀儡皇帝。

野心实干家，功过待评说

司马昭年少时就跟着其父司马懿南征北战，长时间的军旅生活极大地增加了他的军事才能。和那些世袭王位、娇生惯养的王公贵族比起来，司马昭能更清楚地看清现实，了解当时的社会局面，因此对于如何治国有一定的认识。

后来，司马昭接替其兄的职位，开始掌控朝政，他雄才大略，相继采取了一系列措施来改善魏国的政治和经济。政治上，他修改律令，整顿吏治；经济上，他注重发展农业，倡导节省，关心百姓的生活。此后，魏国国内政治和经济得以稳定发展。

与此同时，司马昭果断地铲除了淮南地区的叛军，尽管这一举动以稳固司马氏政权为目的，但它在客观上也使得民众免遭战争摧残，为经济的发展创造了一个和平的环境。

在平定了国内的叛乱后，司马昭就着手消灭蜀汉和东吴。那时蜀汉国势已经日益衰落，刘禅昏聩无能，蜀汉国内民怨四起，朝廷和民众的矛盾愈加激烈。而魏国司马氏集团统治有力，积极屯田，极大地提升了军事实力，伐蜀的条件日渐成熟。

"分久必合"是中国历史发展的必然方向和规律，结束割据、统一天下是顺乎民意的行动。因此仅用了短短的三个月时间，司马昭就彻底消灭了蜀汉。之后，他又采取顺应民心的措施来治理蜀地，抚慰、拉拢刘禅等人，使得蜀地的社会矛盾有所缓解，蜀地百姓逐渐臣服归顺。

280年，晋武帝司马炎灭东吴，三国归晋，鼎立对峙、战乱不断的分裂局面终于终结了。司马昭在世期间为一统天下做了充足的准备工作，为三国归晋作出了贡献。然而，虽然曹魏政权不稳，但司马昭弑君之举仍属于不仁不义，因此功过是非，也只能留待后人评说了。

少年读全景中华上下五千年 3

魏晋风骨

两晋十六国///胡汉对峙争天下

公 元 2 6 5 年 ~ 公 元 4 2 0 年

249年，魏国发生高平陵权变，司马氏成功除掉曹爽的势力，从此魏国军政大权牢牢掌握在司马氏手中。此后，经过司马懿、司马师、司马昭父子三人的苦心经营，到司马昭的长子司马炎继承父亲的爵位时，司马氏家族已经完全控制了整个魏国。266年，司马炎逼魏帝退位，取而代之，改国号为晋，史称西晋。

公元266年～公元420年
//////////两晋十六国//////////
司马炎称帝

温和守成的开国皇帝

历史不断前行，许多豪杰侠士相继退出了历史舞台，三国鼎立的割据局面也逐渐走向了终点。在几代君王的治理下，北方魏国的政治和经济都得到了长足的发展。尽管司马氏渐渐取代了曹氏，可魏国在三国政权中依旧处于优势地位，并最终成为三国中最强大的国家。

司马懿去世后，他的大儿子司马师执掌大权。司马师废黜了君主曹芳，改立曹髦为帝，专断独权，无人可及。司马师死后，他的弟弟司马昭又除掉了不愿被控制的曹髦，另立年幼无知的曹奂为帝。那时，司马昭已经做了晋王，距离登上皇帝的宝座只差一步了，可是他还没有踏出那最重要的一步，就忽然病亡。于是，他的大儿子司马炎登场了。

不过，司马炎的即位之路并不顺畅，他有一个亲弟弟叫司马攸。司马攸才华

卓越，智慧超人，司马昭生前十分喜欢他，一直想选其为继承人。父亲一心想让弟弟接班，这让身为长子的司马炎非常担心，他不仅想方设法讨父亲欢心，还笼络司马昭身旁的心腹重臣，以期他们能劝说司马昭，为自己多进美言。这个办法十分有效，许多人都不断地劝诫司马昭，称废长立幼可能影响政权的稳定，使司马氏辛苦奠定的基础毁于一旦。司马昭终于被说动，决定选司马炎为继承人。

司马炎也是个野心家，他继承父位后就开始觊觎皇权。266年，司马炎终于成功逼迫魏元帝曹奂退位，得以取而代之，终结了短暂的曹魏政权。此时距离曹丕逼迫汉献帝刘协让位于自己仅仅过去了四十六年。

司马炎认为，正是由于曹氏对宗亲的过分防备才使君主孤立无援，让重臣篡夺了朝政。因此他登基之后，即下旨封宗亲为王，不仅赐给他们封地和军队，还给了他们任免领地内官吏的权力。

另一方面，司马炎也厚待大族和重臣，给他们加官晋爵，并给予重赏。司马炎还宽待臣下，采纳不同的谏议，就算这些谏议言辞激烈甚至刺耳，他也不会怪罪属下。一次，司马炎去洛阳郊外举行祭祀典礼。典礼结束后，司马炎忽然向身旁的尚书左

◀晋武帝司马炎像

司马炎（236～290），字安世，继承司马懿、司马师、司马昭三代的基业而代魏称帝，是晋朝的开国君主，谥号武皇帝，庙号世祖。

〉〉〉孙皓遣刘俊与修则进攻晋国交州，司马炎派大将杨稷、毛炅防御守备。刘俊、修则均战死，晋军大胜。

▲（魏晋）魏归义氐侯金印、晋归义氐王金印、晋归义羌侯金印

每枚高2.5～3厘米，边长2.25～2.3厘米，甘肃西和出土。氐、羌是生活在河陇地区以及今四川地区的古老民族。从汉武帝到魏晋时期，氐、羌首领多受中央王朝敕封。魏晋时期氐、羌下级官吏印章存世不少，王侯印章则较少。

仆射刘毅问道："我和汉朝皇帝相比，更接近哪一个？"刘毅答道："桓帝、灵帝和您差不多。"此言一出，四座皆惊。桓帝和灵帝是东汉最腐败、最昏庸的皇帝。刘毅此言等于说司马炎是个昏君。司马炎却并未发怒，而是面无表情地问其理由。

刘毅答道："桓帝和灵帝在位时就出卖官位，可是他们将卖官的收入都放进了国库。您现在也卖官，可是那些钱全都进了您自己的金库，如此比较，他们比你强。"司马炎闻言大笑，替自己辩解道："桓帝和灵帝在位时，从来没人敢这么对他们进言，可现在像你这样敢于直言的人却能在我在位时活着，证明他们比我可要差一些。"司马炎没有因为刘毅的直言而责怪他，也没有伺机打压他，非常不易。

对待反对晋政权的势力，司马炎同样也非常包容，他下旨不再监禁前朝和蜀汉、东吴的宗室，还尽弃前嫌，起用曾反抗司马氏统治的官吏，并很有胆识地任用蜀汉有才干的旧吏。他在位时公布的《泰始律》，删减了不少有关死刑和株连的法律条款，体现了治国安民的仁厚之心。在与少数民族的关系上，司马炎也施行仁政，为促进民族融合、缓解民族矛盾作出了一定贡献。

此外，司马炎提倡节俭，他减少各处的贡品数量，不允许宫中使用乐器和狩猎用具。一次，仪制司官员向他禀告道，宫内拴牛的青丝绳断了，急需换上新的，司马炎却下旨改用麻绳拴牛。还有一次，太医馆中一个名叫司马程据的医生把一件非常罕见、璀璨夺目、饰有珍奇野雉毛的雉头裘送给了司马炎，想借此讨得皇帝的欢心。司马炎不动声色地收下并在翌日将这件雉头裘拿上了大殿，让群臣一起观赏。文武官员见了这稀罕之物，都连声地夸赞。谁知司马炎却在大家面前把它烧了。在司马炎的倡导下，官场上的腐败奢侈之风有所收敛，民众的负担也因此减轻了很多。

灭吴成功，三国归晋

司马炎登基之初，南方依然有吴国与晋对立。于是他开始运筹帷幄，准备消灭东吴，一统天下。

当时，晋国日益强大，吴国却早已衰败了。吴主孙皓残暴误国，荒淫无道，对于进谏的大臣，他没有丝毫感激，甚至用烧红的锯条残忍地锯下进谏之人的舌头。他还命令大臣们的女儿要先经过他的挑选，余下的才能谈婚论嫁，这使他最终失去了大臣的支持，成了孤家寡人。许多将领也

对他失去了信心，纷纷投降西晋。而对于司马炎来说，出兵灭吴势在必行。

279年，晋军兵分六路，其中，镇南大将军杜预率领中路军进逼江陵；安东将军王浑率领东路军出江西；益州刺史王濬率领水军顺长江而下，直取建业。杜预和王浑的部队一路所向披靡，王濬所率的水军却在秭归遇到了一点小麻烦。原来吴军为了阻止晋军前进，命人在江上布置了许多铁链和铁锥，使船只无法通行。然而，大厦将倾，岂是铁链、铁锥能阻止的呢？王濬命晋军将士制造了数十条大木筏，由几个水性好的士兵带着沿江而下。铁锥刺中木筏，就被木筏带着，一起漂向下游去了。

王濬又命将士们在木筏上架起灌足了麻油的大火炬。铁链被大火焚烧，很快就熔断了。船队扫清了障碍，顺利地和杜预的部队会合了。两路大军联手进攻建业。

孙皓这时才知道害怕，赶忙派张象带领一万水军迎战晋军。哪知晋军战船塞江，旌旗蔽日，鼓声雷动，气势如虹，竟吓得张象不战而降。贪生怕死的孙皓则反绑了双手投降了晋军。

280年，三国鼎立的局面完全结束了，汉末以来近百年割据分裂的局面宣告终止。在这件事上，一向以"温和"治国的司马炎展现了少有的冲劲和胆识，为历史的进步作出了重要贡献。

声色犬马，贪逸好色

司马炎统治后期，他的一些缺点慢慢地暴露

▲（魏晋）抬水图
甘肃酒泉果园西沟村7号墓出土的壁画。

了出来，荒淫享乐就是其中最明显的一点。为了满足自己的淫欲，他竟然下旨命全国所有的女子不许婚配，以便自己择选宫女。加上消灭东吴时得来的五千宫女，他的后宫中竟然住了将近一万名宫女——这在历史上也是少见的。由于妃子过多，他自己也不知该去哪个妃嫔处过夜，于是，就出现了"羊车望幸"的荒唐事——司马炎乘坐羊车，羊车停在哪个妃子的门前，哪个妃子就会得到他的临幸。因此，有妃嫔将盐水浇在门口，引诱羊儿停下，以期得到皇帝的临幸。

290年，由于纵欲过度，生活腐化，司马炎病亡，年仅五十四岁，谥号武皇帝。司马炎是继承司马懿、司马师、司马昭三代的基业而称帝的，本身并非英明之君。

他晚年沉溺酒色，行事荒唐，对西晋的发展产生了极为不利的影响。此外，他罢废州郡武装，大肆分封宗室，不当处理少数民族内迁问题等，更为日后的八王之乱与永嘉之乱埋下了祸根。

〉〉〉吴国太史令陈卓编成了一本包含二百八十三个星官、一千四百六十四颗恒星的星表。

晋朝取代曹魏后，武帝司马炎想吞并吴国，一统天下，因此命尚书左仆射羊祜驻守襄阳，督察荆州的所有军务。此后十年，羊祜一边扩充军备，操练将士，一边推行屯田，兴建学校，采用仁政笼络民众，为征讨吴国做准备。尽管羊祜生前没能实现消灭吴国的愿望，但他对灭吴的贡献是不容置疑的。灭吴成功后，在庆功宴上，晋武帝曾泪流满面地感叹："这都是羊祜的功劳呀！"

公元266年～公元420年
////////两晋十六国////////
堕泪碑前悼羊祜

对吴国将士也以诚相待。一次，羊祜的属下带回了两个来历不明的孩子，打听后才知是吴国边境守将的孩子，于是他马上命人将孩子送了回去。孩子的父亲甚是感激，翌日就领兵归降了羊祜。吴将邓香侵袭夏口，被晋军所擒，羊祜却以厚礼待之，训导了他一番后就让他回了吴国，邓香感激不尽，不久后也赶来归降了。在携众狩猎之时，只要斩获的猎物里有吴国将士射伤的，羊祜都会命人将其还给吴国将士。身为大将，为人处事从来都不失仁义之风，这使得羊祜在吴国将士中获得了极高的声望，甚至连吴国主帅陆抗也非常敬佩他。

宅心仁厚，开诚布公

羊祜，祖籍青州泰山（今山东新泰），字叔子。羊祜出生于汉魏名门士族之家，祖父羊续在汉末时曾任南阳太守，父亲羊衜为曹魏上党太守，外祖父则是东汉年间杰出的文学家蔡邕。羊祜相貌俊朗，德才兼备，精于写作。他的仕途非常顺畅，魏末时就曾任中书侍郎、秘书监、相国从事中郎等职。晋武帝在位时，他又被升为尚书左仆射、卫将军。为了消灭吴国，晋武帝命羊祜驻扎于襄阳，督察荆州的军务。羊祜赴任后，减免了各种税收，激励民众进行农业生产，并推行屯田制，命兵卒垦荒耕种。在他的努力下，荆州的经济得以迅速发展，库存的粮食十分充裕。

羊祜以道义和仁德来抚慰百姓，笼络民心，

蓄志灭吴，举荐贤能

276年，羊祜奏请晋武帝，认为时机已经成熟，请求讨伐吴国。晋武帝有意答应，可那时适逢秦、凉二州的少数民族叛乱，朝中多数重臣都不同意起兵征讨吴国，因此此事只得暂时作罢。

过了一年，羊祜得了重病，返回洛阳，再次提出了讨伐吴国的想法。他说："孙皓暴虐昏聩，民心尽失，我们现在攻打吴国，定能取得胜利。要是孙皓死了，再出现个雄才大略的君主，那时再攻打吴国就难了。"武帝同意羊祜的建议，并接受他的举荐，封才能出众的杜预为平东将军，掌管荆州地区的兵权。杜预上任后，当即厉兵秣马，准备出征。此时羊祜已经病重，尽管雄心犹在，却再也

◀（西晋）龙纹盆
北京顺义马坡大营村西晋墓出土，高7.7厘米，口径33.4厘米。宽口沿，外撇上翘微内凹。直壁，小圈底。盆内底部略微下凹，有一浅浮雕盘龙纹饰。

▲（魏晋）陶犬

魏晋时期，陶犬常被作为陪葬品，拥有晋代陶艺品独特的黄褐色。受北方游牧民族的影响，犬形出现了类似猎狗、较为修长的式样，此犬置于狗圈之中，极富生活气息。

无力参与征讨吴国的大业了。

与世长辞，民众缅怀

278年，羊祜因病离开了人世。荆州民众得知此事后都悲泣不已，甚至连吴国的兵将也都为他流下了眼泪。羊祜死后不久，晋朝消灭了吴国。在庆功宴上，晋武帝泪流满面地说道："这都是羊祜的功劳哇！"羊祜是个公正廉明的好官。魏晋之时，选官注重出身，流行营私舞弊之风，可羊祜从不结党营私。尽管承担着向皇帝举荐贤士的重任，羊祜推荐人才时却从不让当事人知晓。他生

活节俭，常常用自己的薪俸来救济族人、嘉奖将士，所以家里没有多余的钱财。

他不喜名利，拒绝接受武帝赐给他的南城侯之位，临死前还叮嘱家人丧礼从简，不可按照葬南城侯的礼节安葬他。武帝闻听此事后下诏赞美了一番羊祜的高风亮节。羊祜功绩卓越，文学造诣也极高，因此那时的人评价他"文为辞宗，行为世表"。羊祜去世后，襄阳民众为了纪念他，就在他生前游历休息的岘山修建了一座庙碑。人们只要到了这里，看到庙碑，就会情不自禁地流下泪来，因此此碑遂得名"堕泪碑"。

四百多年后，唐代杰出诗人孟浩然登上了岘山，在堕泪碑前凭吊，留下了千古传颂的诗句："人事有代谢，往来成古今。江山留胜迹，我辈复登临。水落鱼梁浅，天寒梦泽深。羊公碑尚在，读罢泪沾襟。"

〉〉〉晋武帝颁布了新的经济制度——户调式。这项制度包括三个内容：占田制、户调制和品官占田荫客制。

◎看世界／波斯与东罗马发生战争　　　◎时间／420年　　　◎关键词／瓦拉兰五世

晋武帝司马炎缔造了西晋初年的太康盛世，晚年却骄奢淫逸。当时，西晋王朝盛行奢靡之风，最终成为中国历史上最黑暗腐朽的时期之一。最能够反映西晋时豪门奢靡腐败之风的，莫过于臭名昭著的石崇、王恺斗富之事。

公元266年~公元420年
//////////两晋十六国//////////
王恺石崇斗富

佳膳珍馐。全都身着锦缎绮罗，佩戴金银珠宝。宅院内楼台高耸，流水潺湲，真如琼台玉谷、人间仙境一般。一次，大臣刘寔前去拜访石崇，说话间起身如厕，迎面看到一张大的绛纱床，上面铺着精美的锦毯，床边还立着两个手拿香囊的侍女。惊慌失措的刘寔立即退了出来，并对石崇说道："不好意思，我误入了您的卧室。"石崇闻言大笑了起来，说道："那就是我家的厕所，您没走错。"

穷奢极欲，世风日下

晋武帝晚年时，喜好声色犬马的生活，以铺张炫耀为乐事。受他的影响，朝中挥霍之风盛行。

当时京城洛阳出了执掌禁卫军的中护军羊琇、后将军王恺、散骑常侍石崇这三个富翁。这三个富翁中，羊琇相对比较低调，尽管有着万贯家财，却极少外露。另外两人则大不相同。他们二人时时攀比，处处炫耀自己的财富。王恺是晋武帝的亲舅舅，官至后将军，深得武帝的宠信。他便倚仗这一点，肆意剥削民众，搜刮民脂民膏，榨取了很多的钱财。

然而，尽管羊琇和王恺都是高官皇亲，权位远远高于石崇，在财富上却都远远逊于石崇。石崇自幼聪明机敏，二十多岁时就做了修武县令。从此，他便开始借职位之便大肆敛财，不停地搜刮民脂民膏，靠着肮脏的手段积攒了不计其数的财宝，成为当时最大的富翁。

石崇的车马排场超过显赫的贵族，饮食也尽是

豪门斗富，轰动京城

后来，石崇听闻王恺因财富多而闻名，就想和他较量一番。他听说王恺家中用饴糖水来洗刷碗盘，就命家中杂役用蜡烛代替木柴生火。王恺得知后岂能善罢甘休？当即命人用紫丝制作围屏，将自家门前四十里的道路统统装饰起来。所有从王恺家经过的人，都震惊不已。这华贵的装饰一下子就轰动了整个洛阳城。

石崇存心要将王恺比下去。他用比紫丝更为名贵的彩缎制作了五十里屏障，一举盖过了王恺的风头。接着，王恺以赤石做染

◀（魏晋）汉龟二体钱（龟兹五铢）

币为圆形，中有方孔，一面为汉文，一面为龟兹文，是当时龟兹地区流通的货币，与中原流通的五铢钱形状相同。

料，石崇就以香料和水涂墙。二人就这么你来我往地斗了起来。只是一路斗下来，石崇总是胜过王恺。王恺因此恼羞成怒，便去找自己的外甥——武帝司马炎来帮忙。可叹司马炎一国之君，非但不整治这种挥霍攀比的不良风气，反而也加入其中，偷偷地帮助自己的舅舅，将国库中贮藏的一株高达两尺的珊瑚树赏给了王恺。

王恺得了这样一件宝物，立刻回到家中大摆筵席，邀请石崇和一些大臣前来观看。酒席上，王恺神气地冲众人说道："我家中有一件珍奇之物，拿出来让大家看一下如何？"说完便命婢女请出宝物。众人一见这珊瑚有两尺多高，好像朝霞般流光溢彩，都不禁交口称赞，唯独石崇在一旁冷笑不已。他见桌上有一支铁如意，就顺手抄了起来，"咔嚓"一声将珊瑚树砸了个粉碎。这下大家全都大惊失色，王恺更是又惊又怒。石崇却满不在乎地说道："不过一株珊瑚树，我赔给你不就行了。"说完，就命随从将自己家里的珊瑚树都取来，让王恺随意挑选。待石崇家的珊瑚树运到，众人全都惊得目瞪口呆，只觉得宛如置身于万道霞光之中。原来石崇家的珊瑚树，高三四尺、枝条举世无双的就有六七株，每一株

▲（西晋）青瓷蛙形水盂

水盂，又称水丞、砚滴，在古代则直呼为"水注"，其主要作用是给砚池添水。晋代、南北朝时水盂多为青瓷制品，如青瓷兔形水盂、青瓷蛙形水盂等，做工均精巧雅致。

都比王恺的强。

这一时期，洛阳城内的百姓每天谈论的都是石崇和王恺斗富之事。大臣傅咸忍无可忍，奏请武帝阻止这种不正风气，可武帝根本不予理会。西晋王朝刚刚建立不久就这么腐朽，衰败与灭亡征兆已现。

>>>河间王司马颙派大将张方率领精兵七万联合成都王司马颖的二十多万大军，对洛阳发动进攻。

中国的历史是汉族和其他少数民族互相融合的历史。西晋后期，八王混战之时，少数民族开始趁机扩展势力。307年，晋惠帝去世后，司马炽登基为帝，改年号为永嘉。永嘉二年（308），匈奴人刘渊首先在北方称帝。自此，中原地区逐步开始了更为激烈的混战。

公元266年～公元420年
//////////两晋十六国//////////
匈奴人刘渊反晋建汉

些匈奴人散居在北方偏远的郡县，并和那里的汉人过着杂居的生活，受到了汉族的文化的熏陶。匈奴贵族认为祖先曾和汉朝皇室结亲，自己是汉室的宗亲，便改姓汉朝君主的刘姓。当年曹操平定北方后，为了便于管理边境，将匈奴部落分成了五部，其中一个部的部帅就是匈奴左

精通汉学，文武双全

匈奴人刘渊，字元海，是南匈奴单于于扶罗的孙子，匈奴左贤王刘豹的儿子。西汉后期，一

▼驼钮"晋匈奴归义王"金印
首都博物馆藏，厚2.5厘米，边长2.2厘米，重86.9克，印面有"晋匈奴归义王"字样，阴刻篆书。印纽为一卧姿骆驼，骆驼四肢弯曲下卧，眼神温顺，神态乖巧，具有鲜明的北方游牧民族的风格。

贤王刘豹。

刘渊自幼喜好读书，并曾师从上党贤士崔游，他通晓《诗经》《尚书》等儒家典籍，遍阅诸子百家的著作，在汉学上造诣颇高。再加上他相貌俊朗，高大健壮，且武艺高强，射术精湛，当时的名士对他颇多赞誉之辞。

魏咸熙时期，刘渊以人质的身份住在洛阳。西晋攻打吴国前，刘渊被名士王浑举荐给了晋武帝。武帝十分欣赏他的才干，打算封他为大将军，让他率军攻打西凉。可由于有大臣担心刘渊不是汉族人，会有反叛之心，坚决不同意武帝的想法，此事最终不了了之。

托名汉嗣，进兵中原

刘豹去世后，刘渊接替了他的位置。之后，刘渊成了成都王司马颖手下的将军，驻守邺城。304年，刘渊借混战之机返回了左国城，正赶上匈奴贵族打算借八王争权之机复兴自己的国家，他们见到刘渊归来，便推举他为大单于。此时，刘渊拥有五万兵卒，打算支援司马颖，征讨鲜卑军。刘宣等人劝谏道："晋人把我们当奴隶，如今他们正在内斗，我们为何不趁此机会灭晋朝，复兴匈奴，反要去征讨和我们一样不幸的鲜卑族呢？"刘渊闻言，恍然大悟，决心成就一番事业。刘渊认为要争取汉族百姓的支持，必须师出有名，而汉朝立国颇久，在民众中的影响也很深，加上匈奴先祖和汉朝王室结过姻亲，自己可谓是汉朝皇室的后人，因此，只要打着汉朝的名号，一定能得到汉人的支持。

于是，他在304年自立为汉王，年号元熙，追尊刘禅为孝怀帝，建造汉高祖以下三祖五宗的神位进行祭祀。接着刘渊封妻子呼延氏为后，并封

刘宣为丞相，崔游为御史大夫，刘宏为太尉，由此建立了十六国时期第一个少数民族政权。

刘渊称帝，进攻晋都

刘渊自立为王后，发兵攻占了上党、太原、河东和平原等数个郡县，并得到了一些豪强地主的帮助，势力也越来越大。

这时，刘渊的谋臣王育等人向他提出了一统天下的战略：首先攻取河东，接着夺取关中，将关中作为根据地，和西晋争夺天下。刘渊按照他们的计划行事，领兵攻占了蒲阪（今山西永济）、平阳（今山西临汾），随后占领了整个河东，这也使得他声名远播，吸引了更多的人前来归附。

308年，刘渊觉得是征讨西晋的时候了，就正式登基称帝，仍以"汉"为国号。此后，又将都城迁到平阳（今山西临汾西南），随即大举攻打洛阳。然而，尽管洛阳的民众憎恨西晋的腐败和奢靡，可也不想让外族人统治中原。刘渊的军队遭到了司马越大军的顽强反击，受挫而返。

310年，刘渊病重，就封陈留王刘欢乐为太宰，长乐王刘洋为太傅，楚王刘聪为大司马、大单于，此后没多久就病逝了。刘渊虽出身于匈奴部落，却深受汉族文化的影响，他以友善的态度来对待汉人，因此在与西晋王朝的对抗中不仅获得了少数民族的支持，也赢得了一些汉人的拥护。他趁西晋政权日益腐朽，各处的流民相继举兵反抗晋朝统治的机会，率先在中原创立了少数民族政权，表现出了杰出的战略眼光。因此，刘渊受到后人的尊重，被认为是匈奴杰出的军事家、政治家。

〉〉〉刘渊病重，任命四子刘聪为大司马、大单于。不久，刘渊病逝，其长子刘和即位。

刘曜是刘渊的侄子，自幼就失去双亲，刘渊称赞他为"吾家千里驹"，认为他会成为曹操那样优秀的人。后来，他果然如刘渊所言，成为刘家的柱石，为西晋王朝培上了最后一锹土。

公元266年~公元420年
//////////两晋十六国//////////
刘曜灭晋建前赵

后来，刘聪即位，命刘曜带领兵马讨伐西晋。刘曜和刘粲领兵攻进了洛川，和西晋大军在河南地区激战，占领了晋军壁垒一百多处，接着就围攻洛阳。311年，刘曜和大将石勒、王弥的两路大军会师，占领了洛阳城。

人小志大，与众不同

匈奴人刘曜，祖籍新兴（今山西忻州），字永明。刘曜自幼父母双亡，寄居于族叔刘渊家。他自幼聪明机敏，胆识超人。八岁时，他跟着刘渊去山上狩猎，赶上天降大雨，便随众人一齐到大树下躲雨。忽然间电闪雷鸣，其他人都扑倒在树下，只有刘曜从容地立在叔父身旁。刘渊十分惊讶地说道："此吾家千里驹也！"据史书记载，刘曜身材高大，相貌非凡。他善于作战，精于骑射，也擅长写作和书法。

刘曜十分喜好诵读经史典籍，还常常阐释自己对历史事件的看法。他抱负远大，常常以乐毅等良将自比，深得刘渊和刘聪父子的器重。刘曜曾遍游京城洛阳，结交和他志趣相同的人士，后因触犯律法被判死刑而逃亡到了朝鲜地区。直到朝廷大赦天下，他才又回到了洛阳。

在刘曜的指挥下，汉军血洗了整个洛阳城，屠杀了西晋的官吏和民众三万余人，并大肆掠夺钱财，洗劫了所有的民宅和皇宫。之后，刘曜带着被擒的晋怀帝、羊皇后等人和传国玉玺得胜而回，返回了汉国都城平阳。刘聪大喜，升任刘曜为车骑大将军、开府仪同三司、雍州牧，并封他为中山王。

占领洛阳后，刘曜又奉命征讨关中一带，没多久就占领了长安，擒住了晋愍帝。

▼（西晋）青瓷鸭圈（明器）
圈形似钵，四周有长方形镂孔，刻叶脉纹，圈内塑有三只形态各异的鸭。整器集雕塑、镂空、刻画等多种制瓷工艺于一体，造型别致，工艺精巧。

攻破洛阳，灭晋立功

304年，刘渊建汉，年号元熙。这时，刘曜已经开始露出了锋芒。刘渊命他领军作战，他先后占领了泫氏（今山西高平）、屯留（今山西长子）、中都（今山西太原市），为匈奴汉国扩大势力范围铺平了道路。

讨伐叛贼，建立前赵

318年，刘聪病亡，其子刘粲登基为帝。此后，匈奴汉国的局势有了巨大的改变。新帝刘粲不理朝政，沉迷酒色，他宠爱的妃子靳氏之父靳准逐渐执掌了朝政。不久，靳准看准时机发动了政变，先是杀了刘粲，接着又处斩了平阳匈奴刘氏的所有宗亲，甚至将已经去世的刘渊和刘聪的尸体挖出并抛弃在了荒野上。接着，他自封为大将军和汉天王，派使臣向东晋称臣。

那时刘曜正驻守长安，听说靳准反叛之事后，就亲自率领兵马返回平阳。在赤壁（今山西河津的赤石川），他碰到了逃出来的太保呼延晏和太傅朱纪。他们劝刘曜先自立为帝，再攻打靳准。于是刘曜就立即在赤壁自立为帝，改国号为赵，史称前赵。为了壮大自己的实力，刘曜封驻扎河北的羯族人石勒为大将军，和自己组成掎角之势，联手攻打平阳。不久，靳准的属下靳明杀了靳准，并将玉玺送给了刘曜，自请归降。石勒为此勃然大怒，率军攻占了平阳，公然和刘曜对抗。

这时，刘曜还没有在关陇一带站稳脚跟，关中、陇右地区的氐、羌等势力还常和西晋的残部一起攻打刘曜，严重威胁刘曜的统治。因此他升石勒为太宰、领大将军，厚待他，并封他为赵王，以稳定局势。

稳住了石勒后，刘曜就率领一部分士兵大举征讨关陇一带的氐、羌等势力。320年，刘曜剿平了

属下长水校尉尹车的叛乱，镇压了巴、氐等的叛乱，以及奉州陈安的反叛势力。之后，他又带领二十五万兵马征讨凉州的张氏势力，并获胜。

其兴也勃，其亡也速

虽然刘曜的势力得以迅速扩张，却也应了荀子"兼并易能也，唯坚凝之难焉"的古语。刘曜占领了关陇一带后，就盲目骄傲起来。他大兴土木，为双亲修筑陵墓，耗费了大量的财力物力。

而此时，石勒则在积极地扩张自己的势力。325年，石勒的属下石生领兵攻打新安，正式揭开了战争的序幕。328年，石勒率领三路兵马攻打刘曜，在洛阳大破刘曜的军队，并活捉了受伤的刘曜。石勒命刘曜给其子刘熙写信，要他归降，刘曜不从，最终死在了石勒手上。第二年，前赵军再次大败于上邽（今甘肃天水），太子刘熙等人惨死，前赵就此退出了历史舞台。

▶（西晋）青瓷羊尊
胎体较厚重，釉层厚润均匀，釉色以青灰为主，装饰精致。

〉〉〉晋王朝发生内讧，东海王司马越与晋怀帝司马炽公开交战，严重削弱了洛阳的防御力量。

刘渊起兵后，中原的形势越来越混乱。晋朝琅琊王司马睿采用王导的谋略，请求去镇守建邺，等待时机复兴晋室。在王导、王敦等人的帮助下，他宽待建邺的地方势力，着力平叛，经营了将近十年，终于在江南站稳了脚跟。316年，刘曜占领了长安，西晋覆灭。次年，司马睿即晋王位。318年，司马睿称帝，仍以晋为国号，史称"东晋"。由此，中国历史进入了东晋和北方十六国相持的时期。

公元266年～公元420年
////////两晋十六国////////
司马睿建东晋

琅琊王十年伺良机

司马睿是司马懿的曾孙，司马觐的儿子，字景文，出生在洛阳。司马觐死后，司马睿依照惯例承袭了父亲的琅琊王爵，那年他才十五岁。就在这一年，晋武帝司马炎辞世。即位的司马衷愚笨，不能执掌大权，因此宫廷内为争夺权位展开了激战。

时势险恶，司马睿虽是皇亲国戚，却没有权势，为了保住性命只能尽量不参与政事。偌大的洛阳城，只有王导和他走得近。王导，字茂弘，是北方贵族琅琊王氏的后人，也是名贯京都的王衍的族弟。王导颇具才识，很有抱负，想借司马睿这个王室宗亲的力量成就一番事业，因此多次劝说

▲晋元帝司马睿像

司马睿（276~322），字景文，西晋皇族，琅琊恭王司马觐之子。西晋灭亡后，迁徙江南，依靠江南士族东山再起，复兴晋室。庙号中宗，谥元皇帝。

司马睿离开洛阳，返回自己的封地，暗地里扩展势力。可惜司马睿一直没找到好的时机。

304年，诸王的争斗到达了顶峰。成都王司马颖逼迫惠帝立他为王位继任者，随后返回封地邺城，遥控朝政。司马颖残暴独断，招致了一些权贵的憎恨。时任尚书令的东海王司马越借此时机以惠帝之名发布檄文，召集四方将士讨伐司马颖。司马睿借机投靠了司马越，参与了这场战斗，任左将军。

双方在荡阴（今河南汤阴）展开激战，最终司马越战败，逃往自己的封地。司马颖胁迫晋惠帝和跟随部队的司马睿等大臣返回了邺城，杀了战前劝自己投降的司马繇。司马繇是司马睿的叔父，司马睿担心此事会牵连到自己，就寻机逃离了邺城，到洛阳接了自己的家人往琅琊（位于今山东胶南）避难去了。307年，掌握西晋政权的东海王司马越命令司马睿镇守下邳（今江苏睢宁西北）总督扬州军事。后来，在王导的建议下，司马睿移镇建邺（今江苏南京）。

在西晋宗室中，司马睿没有多大的声名和权势，因此江南的士族并没有积极拥护他。王导知道，想在江南稳住阵脚，一定要得到这些士族的帮助。因此，他将自己的堂兄、担任扬州刺史的王敦

请了过来，和他一起商讨策略。

308年春，司马睿按照当地的习俗，到江边祈福。侍从们将琅琊王的大旗高高地举起，王敦、王导等众多江北名士众星捧月般簇拥左右。江东的百姓非常惊讶于这盛大的仪仗和庄严的阵列，全都在路旁跪拜。江东的士族们见状，也纷纷参拜司马睿。由此，司马睿逐渐稳固了自己的权势。

同年，刘渊自立为帝，并于次年接连两次征讨洛阳。当时掌权的司马越调集各地人马支援京城，司马睿也奉命抗击汉军。

兴复晋室，建立东晋

313年，被俘的晋怀帝司马炽死于刘聪之手，秦王司马邺在长安登基为帝，即晋愍帝。晋愍帝将年号改为建兴，命司马睿为左丞相、大都督陕东诸军事；命秦州刺史南阳王司马保为右丞相、大都督陕西诸军事。

此后，愍帝依"分陕而治，挟辅天子"之说，重新分封司马睿等人，想趁机笼络他们，以此来征调各路大军抵抗入侵的刘聪、石勒军，解除长安被围之困。可是司马睿却以"方平定江东，未暇北伐"为由，拒绝接受愍帝命他攻打洛阳的旨意。316年，刘曜发兵攻打长安。晋愍帝由于势力太弱，只得弃城归降了刘曜。至此，西晋覆灭。

317年，司马睿自立为晋王，广辟掾属，为之后创立东晋打下了根基。318年，晋愍帝被杀。司马睿穿着丧服为晋愍帝举行丧礼。之后，司马睿登基为帝，即晋元帝。因国号仍为"晋"，且建都于江东，因此历史上就称此王朝为东晋。尽管司

◀匈奴人面形铜饰牌

辽宁平岗出土，高5.5厘米，存宽5厘米，虽残缺过半，但尚存完整的人物形象。人面深目高鼻，颧骨较高，有胡须，长辫自头后直拖到臀部。身穿长衣，腰系革带，穿窄靴，与史书所描述的匈奴人的形象相符。

马睿延续了晋室，可东晋只统治着半壁江山。

王与马，共天下

司马睿得以在江东立国，王导功不可没。是他首先向司马睿提议南下，把复兴晋室的基地转移到江东；之后，又是他促成南北名门望族联手，稳固了司马睿在江东的地位。凡此种种，使得司马睿对王导十分倚重。司马睿即位那天，群臣来到宫中参拜。司马睿竟拉住王导，让他和自己同坐御床，接受群臣的参拜。王导自然不肯从命，但从此事中也足见司马睿对王导的重视。

司马睿登基之后，封王导为丞相，处理朝中大事；命王导的堂兄王敦督察六州军务，王氏家族的大部分人也都在朝中担任了要职。所以事实上，司马睿和王氏家族一同统治着东晋王朝，因此民间开始流行"王与马，共天下"一说。

可是王敦执掌兵权后，就狂妄自大起来，完全无视司马睿的存在。司马睿觉得王敦很是专横，开始不满意目前这种"王马共天下"的局面。

于是，司马睿把刘隗、刁协视为亲信，暗地里策划着，企图铲除王敦集团。可王敦先下手为强，自武昌发兵战胜了刘隗，刁协也被杀害，之后由于王导的劝告，王敦才撤回了武昌。此后，王家依旧执掌着东晋大权。司马睿无计可施，抑郁而终，才创立没多久的东晋朝廷内部开始出现了裂痕。

〉〉〉晋将陶侃受命讨伐巴蜀流民起义军首领杜弢，经过几十次交锋，彻底击败了杜弢。

◎ 看世界／东罗马帝国皇帝去世　　　◎ 时间／450年　　　◎ 关键词／马尔兴即位

公元266年～公元420年
/////////// 两晋十六国 ///////////
陶侃正直爱国

在东晋历史上，陶侃称得上是富有传奇色彩的一位良将。最令人称奇的是，他出身于江南少数民族，却能打破等级森严的入仕之制，以贫民的身份进入政坛，还做了煊赫一时的荆州刺史。他生活于东晋王朝最黑暗腐朽之时，却能坚守自己的品行，兢兢业业地处理政务。他的心怀故国、运砖励志的故事，更是被后人传为美谈。

家境贫寒，仕途艰难

陶侃，字士行，祖籍鄱阳，后移居庐江郡寻阳县。陶侃幼年丧父，与母亲湛氏一起过着清贫的生活。湛氏是个好强的人，立誓要让儿子出人头地。在母亲的熏陶与管教下，陶侃自幼努力学习，非常勤奋。他生于贫苦之家，常常受到别人的羞辱和挤对，境况凄惨。可是他坚忍好强，县功曹周访非常赏识他，就举荐他做了县主簿。

之后，陶侃得到了游历洛阳的机会。他见都城一派繁盛的景象，暗暗地决定要在这里有一番建树。然而，由于西晋采用九品中正制，致使"上品无

▶ 陶侃像
陶侃（259～332），字士行，东晋鄱阳郡枭阳县左里乡人，后迁居庐江郡寻阳县，是历史上著名的政治家、军事家与文学家。

寒门，下品无士族"。名门望族的子弟可以借助自家的权势做高官，而陶侃这种出身寒微的人则很难得到重用。陶侃入仕无路，便多次去拜见司空张华，终于感动了张华，被举荐做了郎中。

陶侃在郎中任上一做就是五六年，由于少数民族的身份和寒微的出身，他始终得不到升迁的机会。不久，八王之乱爆发，居住在洛阳的江东望族相继返回家中避难。陶侃意识到自己留在洛阳也难有什么作为，就借机南下了。刚开始时，他经友人举荐做了武冈县令。然而他赴任后，却和自己的上司太守吕岳不和，一怒之下，便辞官回家了。此后，他又做了中正的小官。

投身戎旅，屡建战功

303年，张昌在江夏召集民众起义，江夏地区的流民争相投效。不久，张昌占领了江夏郡，兵马增加到了三万。朝廷害怕张昌集团会使局面动荡不安，就命南蛮校尉、荆州刺史刘弘前去镇压。刘弘赴任后，封陶侃为南蛮校尉长史，让他带领先锋军前往襄阳征讨张昌。

陶侃竭尽全力攻打张昌掌控的荆、江、扬等州，节节获胜。除掉张昌集团后，他因功绩卓越而受到了封赏。随后，陶侃又

▲（晋）越窑青瓷镂空鸡笼

作品风格自然清新、独具神韵，是研究晋代社会畜牧业的重要历史文物。

在江夏太守任上战胜了企图占领江南的陈恢，名气越来越大。

八王之乱接近尾声的时候，江南的政局又一次起了变化。司马睿、王导等进驻建邺，封陶侃为参军，命其督察江州的军务。此后陶侃投效司马睿，官至龙骧将军、武昌太守，后升任荆州刺史。

晋成帝在位时，驻守历阳（今安徽和县）的苏峻起兵作乱。陶侃受命发兵征讨，并于两年后铲除了苏峻的反叛势力。

搬砖励志，公正严明

陶侃曾经在王敦手下做事，任荆州刺史，为官公正严明。不料王敦非常嫉恨陶侃，于是便将他派遣到广州。尽管广州偏居边陲，陶侃却并未因此而气馁。他每日一大早就将一百块砖从书房挪到书房外；晚上再把这些砖搬回书房，每天都坚持，从不间断。身边的人很是诧异，就询问他为什么要这么做。陶侃回答道："尽管我现在生活在南方，却无时无刻不在想着光复中原。要是我现在就有了懒散的习惯，等以后国家需要我的时候，恐怕就负不起重担了，因此我一定要有强健的体魄。"王敦去世后，陶侃得以重任荆州刺史。荆州的民众得知陶侃又回来后，都欢天喜地，夹道欢迎。

官复原职后，陶侃依旧保持着严谨的作风。府衙里的事情，不论大小，他都要亲自处理，一点儿也不松懈。一次，陶侃前往郊区视察，见路上有人顺手采了一束还没长成的稻穗拿在手里把玩，当即勃然大怒，令将士捆了那人，厉声斥责他这种浪费粮食的行为，并重重地杖责了他。农民们听说了这件事，都对陶侃重视农桑的行为十分感动。手下的一些官员常因为酗酒赌钱而耽误差事，陶侃得知后非常生气，命人没收并销毁了全部酒具和赌器，并杖责了那些官员。之后，这类的事情就再也没发生过。

除此之外，陶侃还很节俭。荆州一带位于长江岸边，建造船只时常常会有一些木屑和竹头残留下来，而这些原本要被扔掉的东西却被陶侃很好地利用了起来。陶侃命属下将这些废弃物集中起来，放在仓库里。到了春节时，一连有数场大雪降下，雪化了以后，地面湿滑，很难走。陶侃就吩咐主事的官员拿出仓库中的木屑，用它们来铺路。至于竹头，陶侃则命将士们把它们做成了造船用的竹钉。臣属们见了，都啧啧称赞。

陶侃一生正直，不藏私心，因此深受民众爱戴。在他统治的区域内，社会治安非常好，甚至达到了"路不拾遗、夜不闭户"的程度，因此他备受后人赞誉。

晋元帝司马睿在江南登基后，许多仁人志士就一直希望能够征讨北方，夺回故土，祖逖就是其中的一个。年轻时，祖逖闻鸡起舞以励志，到了江南后，他更想实现北伐的愿望。可惜，司马睿是个昏庸的君主，贪享安逸，根本就不想出征。在这种形势下，祖逖自己组织了一支军队，浴血奋战，收复了许多失地。

公元266年～公元420年

//////////两晋十六国//////////

祖逖收复失地

满腔热忱，立志报国

西晋后期，战事纷起，国力衰弱，北方少数民族趁机侵入中原。一些仁人志士眼见国家混乱不堪，民众无家可归，立誓要报效祖国，收复失地，祖逖就是其中比较出色的代表。

祖逖，字士稚，范阳遒县（今河北涞水）人。祖逖出身于范阳郡的大户，西晋时，其父祖武曾做过上谷太守。祖逖个性豪爽，不注重礼节，甚至不太遵守规矩，史书上说他"不修仪俭，年

十四五犹未知书"，他的兄长们都很担忧。他重视情义，轻视钱财，经常拿出家里的布、米来接济贫苦之人，深受百姓的敬重。

刘琨是祖逖的同窗挚友，他们同在司州担任主簿一职。因为有着相同的志向，两人的友情非常深厚，夜里常睡在一张床上，一同探讨国家大事，鼓励对方实现报效国家的愿望。一天夜里，祖逖被一阵鸡叫声吵醒了，他将身旁的刘琨叫了起来，并对他说道："你听，这是在催我们奋进呢！"于是，两个满腔热忱的年轻人取下挂在墙上的宝剑，走出房门，借着月光操练了起来。从此以后，他们更加勤奋地练习武功，研究兵法，一天也没有放松过，希望有朝一日能在战场上奋勇杀敌，为国家建功立业。他们这种富有朝气、力争上游的精神时刻鼓舞着后人，典故"闻鸡起舞"就是由此而来。

西晋王朝灭亡之前，北方众多的豪门望族、官宦和民众相继逃到了南方，祖逖也带着数百户乡亲向淮河流域逃去。途中，他毫不吝啬地将自己的车马让给老人、小孩和病人，还拿出自己的粮食和衣物分给大家。碰上匪盗时，他亲自率领家仆抵抗，保护大家的安全。民众非常感激，都推举祖逖做他们的首领。

◀ （西晋）青釉印花双系罐

高13.3厘米，口径7厘米，底径9.2厘米。大口，扁鼓腹，平底，肩部印一周网格纹，并堆贴相对的叶脉纹和铺首衔环各一对，底心内凹，胎质坚密，釉色青黄，施釉不及底，为典型的西晋器物。

◎看世界／匈奴王侵入意大利北部　　　　　◎时间／452年　　　　　◎关键词／议和

中流击楫，北上中原

南下后，祖逖被时任镇东大将军的司马睿任命为徐州刺史，不久又任军谘祭酒。祖逖多次向司马睿提议征讨中原，夺回故土。他劝司马睿道："皇室内斗致使天下动荡，外族也趁此机会侵占了中原。如今中原的民众都非常憎恨侵犯和压榨他们的异族人，如果您能命我们去夺回故土，一定能得到北方民众的支持。"司马睿完全不想与外族展开激战，但为了笼络民心和稳固政权，勉强同意了祖逖的要求，之后封祖逖为豫州刺史，拨给他仅供一千人食用的粮食和三千匹布，但不提供铠甲兵器。祖逖见状，便从追随自己的千余名流民中选出几百人，组成一支精干的队伍，向中原进发。

313年，祖逖率军横渡长江北上。战船行驶到江中时，祖逖再难平复心中的激动之情，便手握木桨重重地敲击船舷，向着天空起誓道："我要是不能平定中原，南渡长江，将如同这长江水一样一去不回！"将士们听了，大受鼓舞，纷纷立誓要和异族血战到底。

渡过长江后，祖逖先命部队扎营于淮阴，然后招募人马，置办各种军器。他召集了两千多兵马，向北出击。一路上士气如虹，相继占领了许多据点。对于中原一带的强权地主，祖逖采用怀柔策略，劝告他们要把驱逐外侮、重整河山放在首位，他拉拢所有可以争取的势力，获得了广泛的支持。北伐军的势力愈加强大起来。

319年，祖逖和石勒军展开了激战，双方相持不下，粮草渐渐接济不上。祖逖采取巧计，命属下在粮袋中装满沙子，装模作样地一次次运输，还特意命几个将士挑起真的粮食，在石勒军的视

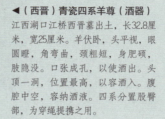

▲（西晋）青瓷四系羊尊（酒器）
江西湖口江桥西晋墓出土，长32.8厘米，宽25厘米。羊伏卧，头平视，眼圆睁，角弯曲，颈粗短，身肥硕，肢隐没。口张成孔，以使酒出。头顶一洞，位置最高，以容酒入。腹腔中空，容纳酒液。四系分置股臀部，为穿绳提携之用。

线内走走歇歇。石勒军的将士已经很久没吃饱饭了，见晋军一趟趟运送粮食，就像饿虎扑羊一般地冲了上来。这几个晋兵假装将粮食丢下就逃。石勒的将士一见抢来的都是大米，觉得祖逖军中肯定有很多粮食，士气马上就衰落了下来。石勒得知此事，便征集了一千多车粮草支援前线，祖逖早有准备，派士兵迅速抢走了。石勒军没了粮食，只得撤退逃命，祖逖不战而胜。

祖逖就这样白手起家，艰苦奋斗，逐渐收复了黄河以南的广大地区。

壮志未酬，中原遗恨

尽管祖逖辛苦经营，积极筹备，希望继续收复黄河以北的国土，可司马睿却甘心居于江南，不想收复失地，还封戴渊为征西将军，都督豫、冀等六州的军务，以监督祖逖。祖逖竭尽全力夺回故土，朝廷却怀疑他的用心，使得他十分失望。同时，东晋内部的矛盾不断激化，随时会引发又一次的内斗。祖逖见此，不由得更加愤懑和担忧，竟因此一病不起。

321年，时年五十六岁的祖逖饮恨辞别了人世，世间又多了一位"出师未捷身先死"的慷慨之士。尽管祖逖没能实现收复北方失地的愿望，但历史却记住了他的一腔热血和赤胆忠心。

335年

◎看世界／汪尔达王洗劫罗马城　　◎时间／455年　　◎关键词／真塞利赫

公元266年～公元420年
//////////两晋十六国//////////
桓温北伐

桓温是晋明帝的女婿，他凭借皇帝的倚重，平步青云，在东晋官场上翻云覆雨十几年。后赵灭亡的时候，桓温向晋穆帝（东晋的第五个皇帝）上书，要求带兵北伐。桓温先后进行了三次北伐，但都以失败告终。北伐没有成功，可他对权力的占有欲却越来越强，甚至开始觊觎皇位了。

为婿，他更会竭尽全力为国尽忠。"明帝于是将自己的大女儿南康公主嫁给了桓温。此后，桓温就仗着皇帝的器重，平步青云。曾举荐他的庾翼病逝后，他便被封为安西将军，接替庾翼督察六州的军务，同时担任荆州刺史，执掌长江防线的部分兵权。那时，桓温才三十三岁。

侠胆英豪，乘龙快婿

桓温，字元子，谯国龙亢（今安徽怀远）人。他出身名门，父亲桓彝年轻时跟随司马睿南下渡过长江，是创立东晋的元勋，之后又在铲除王敦反叛集团的过程中立下大功，被晋元帝升为宣城内史。328年，历阳内史苏峻兴兵反叛。桓彝在平定叛乱时死在了苏峻的属下韩晃的手上。那时，桓温十六岁，听说父亲被杀，悲痛不已，发誓要为父报仇。后来，他得知杀害桓彝的主谋之一——泾县县令江播去世了，就以吊丧之名去参加了江播的丧礼，公然在灵堂上用预先备好的利刃杀死了江播之子江彪，为父亲报了仇。

大臣庾翼听说了这事后，十分钦佩桓温的胆识和豪气，便对明帝说："桓温这个青年人非比寻常，胆量、才识兼具，若能加以培养，以后一定会为国家效力的。如果您能招他

灭掉成汉，树立威信

桓温的平步青云招致了一些人的嫉妒，朝中的众多大臣都觉得他不应短期内被连续升迁，十分怀疑他是否有能力担任荆州刺史一职。为了让别人心悦诚服，也为了提升自己的威名，桓温于347年带领一万人马去讨伐巴蜀地区的成汉政权，没多久就彻底地摧毁了成汉政权。此次获胜后，桓温便开始着手筹备进攻中原了。

当时，北方的局面非常动荡，政权换了一个又一个。后赵皇帝石虎去世后不久，大将冉闵发动政变，登基为帝，创立了魏国；此后，前燕又灭了冉魏；352年，混乱的关中地区又成了前秦的领

▶（前燕）金质顶针及戒指
顶针径1.8厘米，戒指径2.5厘米，辽宁北票前燕墓出土。北方民族喜爱金饰物，以饰金为风尚，因而北方金银手工业发达，具有极富特色的工艺传统。

地。而此时，东晋已经是第五个皇帝——晋穆帝在位了。

执意北伐，接连失利

354年，桓温的第一次北伐开始了。他率领四万兵马自江陵出发，兵分三路，攻打前秦。晋军击溃了前秦皇帝苻健派来的五万大军，苻健率领数千名伤残的士兵逃往了长安。后来，桓温的粮草为苻健所截。由于没有军粮，桓温最终被苻健打退。桓温首次北伐以失败而告终。

364年，桓温开始了第二次北伐，攻打羌族姚襄的势力。晋军非常骁勇，击败了姚襄，占领了洛阳。桓温立即奏请皇帝，期望朝廷能将都城迁回洛阳，重兴晋室。但东晋的司马氏宗室却贪恋江南的安逸，不想大动干戈地将都城迁回北方的洛阳。桓温苦劝了很

▲（西晋）青瓷熏炉
瓷胎体较厚重，釉层厚润均匀，釉色青灰，装饰精致。熏炉是这一时期的重要青瓷器物。

久都没能说服皇帝，只得领兵返回了江南。二次北伐再次无功而返。

桓温返回江南后，因在北伐中立下了大功而被晋升为南郡公，其他的桓氏族人也得升职封赏，做了朝中的重臣。东晋朝廷的军政大权就这样被桓氏兄弟执掌了。尽管前两次北伐都失败了，可桓温并没有放弃。他做好了作战部署，打算再次北伐。桓温的属下劝他先休养生息，等有了足够的粮草和兵器再发兵，但此时桓温已经听不进任何劝告了。

三战三败，帝王梦断

369年，桓温带领将近五万的步骑军第三次出征北伐，征讨鲜卑族的前燕势力。双方刚开始激战时，晋军优势非常明显，连战连胜，还擒获了前燕的宁东将军慕容忠。后来，大军一路推进，到了枋头（今河南浚县西南），距离前燕的都城邺城仅有二百多里。前燕派骁勇善战的良将慕容垂迎战，晋军大败，桓温只得慌忙撤回了江南。第三次北伐也以失败告终。

桓温没能实现收复中原的愿望，可他对权力的欲望却越来越大，甚至觊觎起皇帝的宝座来了。370年，桓温废了晋废帝司马奕，改立会稽公司马昱，即晋简文帝。这时，他距离垂涎多年的皇帝之位只差一步了。两年后，晋简文帝病重，留下遗诏命太子司马曜继位。桓温本以为简文帝会把皇位传给他，听到这个消息很是失望，就率重兵气势汹汹地进入都城建康。文武百官害怕发生动乱，吓得面无人色。后来，桓温会见了当地名士谢安、王坦之。谢安出身于士族大家，他不卑不亢，语带机锋，使得桓温觉察到建康反对他的士族势力不小，于是不敢再轻举妄动。373年，桓温病逝，终未能实现做皇帝的野心。

桓温死后，其子桓玄继承了他的爵位。桓温晚年的称帝欲望使得东晋朝廷对桓氏家族有了防范，桓玄因此受到排挤。但桓玄并没有沉沦，他来到荆州，韬光养晦，静待良机，准备东山再起。最后桓玄终于攻入建康，废去晋安帝，自己登上了皇位。但在强敌环视之下，他尚未坐稳宝座，便成了他人的刀下亡魂。

公元266年～公元420年
//////// 两晋十六国 ////////
桓玄篡晋

▶（东晋）青釉香薰

高17.4厘米，口径2.7厘米，底径12.2厘米。直口，球腹，下置托盘。腹部透雕花瓣纹和三角形纹。通体施青釉，制作较为精细，但与西晋同类器物相比，略显粗犷。

豪门大族里的杰出少年

自东晋建国起，桓氏便是望族，桓玄之父桓温更是声名显赫，先后担任大司马和宣武公，掌握军权多年。作为权臣桓温之子，桓玄从小便尊荣无比，与父亲在一起的时间却并不多。桓温晚年时，阴谋代晋自立，但是由于种种原因，他至死都未能实现这个目标。桓温死后，官职由其弟桓冲接替，爵位则由当时只有五岁的桓玄继承。

经过叔父桓冲的悉心教导，桓玄逐渐成为一个气质出众、文武兼备的少年。桓玄常常因自己是名门之后、桓温之子而忘乎所以，并自称为英雄豪杰。然而，东晋皇室始终都在防范桓氏，并对桓温晚年的篡位之念怀恨在心，琅琊王司马道子便是其中一个。

一天，桓玄到司马道子府上拜访。当时司马道子家里正在宴请宾客，喝得酩酊大醉的司马道子看到桓玄站在堂下，便瞪眼说道："想当年，你父桓温欲篡权夺位，是否有此事？"桓玄听后，十分惶恐，急忙跪地谢罪。其他宾客急忙过来解围，说："桓温曾为国家立下过汗马功劳，何况如今他已仙逝，我们万不可听信他人谣言。"司马道子听后沉默不语，挥手让桓玄起身。此事令桓玄倍感耻辱，对司马道子和司马氏皇族恼恨不已。

返回荆州，等待时机

桓玄不仅为皇族所猜疑，也受到重臣的排挤，始终无法得到朝廷的重用，为此，他十分惆怅。但是，他不愿消极等待，不久便返回了荆州，韬光养晦，静待良机，准备东山再起。桓氏在荆州为官数十年，社会关系网非常庞大，势力非同小可，就是荆州刺史殷仲堪也不敢得罪桓家。

殷仲堪很欣赏桓玄的才干，将他视为自己的左膀右臂。朝廷大将胡藩经过江陵府时，曾对殷仲堪说："虽然桓玄不为朝廷重用，但是此人的野心极大，希望你多加注意。"但殷仲堪并未在意，最终吞下了自己种下的苦果。399年，桓玄的势力已经壮大了，他认为时机已到，于是果断起兵杀死殷仲堪，迅速占据了荆州。

举兵造反，建康称帝

正当桓玄对殷仲堪痛下杀手之时，孙恩起兵反叛朝廷。把持朝政的司马道子听到了这个消息，不得已加封桓玄为后将军，并任命其为荆州

刺史，负责攻打叛军。看到司马道子主动封官，桓玄极为高兴，他明白此时的司马道子正处于焦头烂额之际，没有时间对付自己，于是趁机向司马道子索要更大的权力。为了全力对付孙恩的叛军，司马道子无奈地同意了桓玄的请求，将桓玄兄弟及其侄子全部封官加爵。

面对司马道子的让步，桓玄的贪欲日盛。实际上，桓玄最终的目的只有一个，那就是皇权，他根本不在乎这些官职。在朝廷派兵征讨孙恩时，桓玄便开始秘密地招兵买马，准备武器。随后，他派人将长江航运彻底切断，阻断了建康的粮食供应。此计一出，建康城里的米价急速飙升，许多百姓无钱买粮，不得不以野菜、糠皮充饥。

402年，忍无可忍的司马道子命令其子司马元显率领朝廷大军攻打桓玄。司马道子父子由于以权谋私，败坏朝纲，欺压群臣，早已激起了许多人的愤慨。桓玄便利用民愤，将司马道子父子的罪行一一列举，然后率领大军征讨司马道子父子，将司马氏的部将打得大败。司马元显看到桓玄军气势大盛，根本就不敢与桓玄正面交锋，只得率军逃回了建康城。桓玄率军一路追击，很快便攻进了建康，处死了司马道子父子，彻底掌控了东晋皇室的命运。

不久，桓玄强迫晋安帝让自己担任丞相之职，并掌管全国军务。接着，他又逼迫晋安帝加封自己为楚王。403年，桓玄废黜晋安帝，改封其为平固王，自己则登上皇位，建立了楚国。

桓氏败亡，昙花一现

桓玄登基之初，一度采取了唯才是举、铲除奸臣的措施，但是不久他便过上了荒淫糜烂的生活。404年，北府兵将领刘裕率兵攻入建康。桓玄自从登上皇位后，早已失去了当年勇猛无畏的气概，见刘裕军气势汹汹，便挟持平固王逃到了荆州。荆州是桓玄的老巢，他来到此地后，又忘乎所以起来。然而刘裕率军一路追到荆州，再次大败桓玄军。桓玄抛下平固王，独自向西逃去，在路上被益州刺史毛璩的部将所杀，年仅三十六岁。桓玄登上帝位不到半年时间便被攻杀，由此可见，没有民众支持的政权必然会像流星一般一闪而逝。

▶（东晋）青瓷鸡首壶（酒器）

江西南昌出土，盘口，长颈，丰肩，圆鼓腹，平底。肩部置管状鸡首，相对应一侧贴塑一龙首形柄，柄端高于壶口，两侧各置一桥形系，肩、腹部饰弦纹。

〉〉〉东晋安西将军桓温伐蜀，攻克成都，控制着汉水上游和四川盆地的成汉政权灭亡。至此，东晋统一了南方。

318年，刘曜建立前赵。大将石勒在灭西晋及平定反贼的过程中立有大功，因此被刘曜封为赵王。石勒是一个目不识丁的羯族人，但却十分有心计。在刘曜被胜利冲昏头脑、开始麻痹时，他却在积极地扩充自己的实力，最终打败了刘曜，灭了前赵，建立了后赵。

▶（晋）耀州窑青釉倒灌壶（酒器）
无口无盖，只在壶底中央有一梅花形注口，使用时须将壶倒置，酒由壶底梅花孔注入壶腹，故名倒灌壶，又名倒装壶。

卖身为奴，趁乱而起

石勒本名匐勒，字世龙，羯族人，先辈是部落中的小首领。石勒自幼便长得十分强壮，勇猛无畏，骑射武艺更是数一数二。石勒二十岁时，故乡爆发了饥荒，部落里的人都四散逃荒。在逃荒的路上，他与族人失去了联系。

那时，有军队正在抓捕、贩卖胡人，以补贴军费。石勒也被抓住，与其他胡人一起被卖到了冀州，成了师欢家的奴隶。石勒身高力壮，干活卖力。师欢见他长相不俗，精于骑射，认为他绝非凡人，便将他释放了。

当时，八王之乱依然在继续，石勒不得不四处漂泊，为地主帮工。在此期间，他结识了许多与他遭遇相同的流民，组建了一支骑兵队。由于他精于骑射，还会相马，因此深受当地豪强汲桑的青睐。

后来，汲桑为他取了"石勒"这个汉名。在

公元266年~公元420年
//////////两晋十六国//////////
奴隶皇帝石勒

汲桑的大力帮助下，石勒势力日益壮大，逐渐拥有了一支战斗力超群的军队。不久，汲桑自封为大将军，封石勒为扫虏将军，率军攻破邺城，斩杀了新蔡王司马腾。当时大权在握的东海王司马越得知这一消息后惊诧不已，马上命苟晞等人率军征讨。汲桑、石勒不敌，汲桑被杀，石勒则率领残余部队逃往他处。

投奔刘渊，中原发迹

刘渊反叛朝廷后，石勒率众前去归附，负责征讨山东的军事行动。石勒率军南征北战，很快便将魏郡、赵郡、巨鹿、常山等地攻破。在此过程中，他不仅帮助刘渊逐步扩充了势力，同时也壮大了自己的实力。此外，他还将辖地内知识渊博的汉族文人集聚在一起，为其出谋划策。可见石勒并不甘心充当刘渊的先锋官，他也在秘密发展自己的势力。

司马越看到石勒的势力日益壮大，严重地威胁着朝廷的安危，便亲率大军攻打石勒，却在出征途中病逝了。司马越一死，晋军顿时失去方寸，乱作一团。太尉王衍临危受命，却无力应对石勒大军的攻势，被杀得大败。战后，石勒处死了襄阳王司马范、任城王司马济以及太尉王衍等高官显贵。311年，石勒与刘曜、王弥联兵攻破洛阳。

312年，石勒下令修建壁垒，建造船只，准备攻打镇守建邺（今南京）的琅琊王司马睿。司马睿将全部兵力集聚于寿春（今安徽寿县），任命镇

◎看世界／波斯王子杀害其弟　　　◎时间／459年　　　◎关键词／腓鲁兹　自立为帝

东长史纪瞻为帅，全权负责抵御石勒大军。正当石勒下令渡河时，突然天降大雨，雨水将道路冲断，淹没了军营，更在军中引发了瘟疫。一时间，石勒军中粮草匮乏，许多士卒病倒。石勒便采纳张宾的建议班师北还，到了河北。

在以后的数年间，石勒先后攻占了冀州、幽州、并州和青州，势力日渐壮大。318年，匈奴汉国皇室发生政变，刘曜登基称帝，国号赵，史称前赵。当时，为了平叛，刘曜极力拉拢石勒。石勒在平叛过程中立有大功，因此被刘曜封为赵王。然而此时，石勒的实力已经足够强大，他不愿屈居刘曜之下，考虑到刘曜对他也深怀戒心，他便产生了拥兵自立的想法。

目不识丁，重视教育

319年，石勒宣称建立赵国，史称后赵，与刘曜建立的前赵政权针锋相对。此后两国之间攻伐不休，战争不断。329年，石勒终于将前赵政权一举歼灭，由于他曾经做过奴隶，所以后人称他为"奴隶皇帝"。

石勒自幼不识字，没有多少文化，但是他却十分看重文人。石勒登上皇位后，便传下诏令：俘虏若是读书人，就不准杀害，要将其送到都城，由他亲自处理。

后来他又接受张宾的建议，下令设置学堂，并让所有部将之子都去读书。除此之外，石勒还建立了保举和考试制度，规定被保举人通过了考核就能做官。正是由于他重视教育，唯才是举，才使得后赵很快崛起。

石勒虽然不通文墨，却非常喜欢学习。他经常请博学之士为其读书，并总是即兴表达自己的看法。有一次，当听到《汉书》中有大臣劝刘邦赐封六国贵族后代为王的历史时，他当即说："这样做非常不应该，刘邦靠这种方法怎么能保住天下呢？"讲书人连忙解释说，后来在张良的劝谏下，刘邦并没有赐封六国贵族后代为王。石勒听了叹道："幸亏有这个人啊。"

333年，石勒病逝。在遗嘱中，他要求丧事一切从简，万不可奢靡浪费，并叮嘱太子石弘和侄子石虎要融洽地相处，切勿像晋朝司马氏兄弟那样自相残杀。然而，石勒丧事刚过，其侄石虎便起兵杀死石弘，篡位称帝。

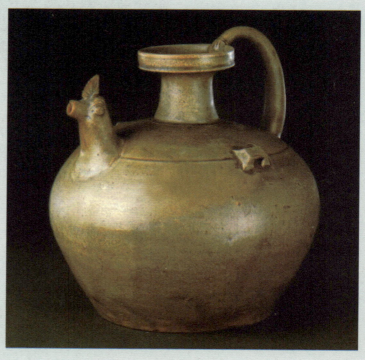

▶（东晋）青釉双系鸡头壶
洗口、细颈、平底，肩部凸起桥形系，壶身一面有流口。为鸡头形，另一面有柄。上端刻线纹一道。

〉〉〉后赵臣氏族人苻健称王，定都长安，国号大秦，史称前秦，袭六世。

◎看世界／西罗马击败西哥特人　　◎时间／460年　　◎关键词／瓦伦丁尼安三世

东晋王朝南迁之后，北方便成为少数民族的英雄豪杰争相称霸的战场，先后有十六个王朝被建立起来，又陆续覆灭。在这十六个短命的王朝中，冉魏是其中仅有的几个汉族政权之一。其建立者冉闵以"杀胡令"来解救汉族百姓，却加深了汉人和胡人之间的仇恨。

公元266年～公元420年
////// 两晋十六国 //////
冉闵杀胡称帝

▶（十六国）帽饰
高7.1厘米，宽6.9厘米。辽宁北票十六国北燕冯素弗墓出土。盾形金薄片作网状镂空蝉纹，其上焊饰粟纹金珠及累丝，眼眶中饰二灰石珠为蝉目。

汉人血脉，长于胡室

八王之乱发生后，晋朝内部四分五裂，钩心斗角，国力日渐衰弱。长期遭受压迫的北方胡人便趁机起兵，进军中原，从而宣告了中国历史上长达一百多年的"五胡乱华"的开始。此后，中原地区出现了许许多多的割据势力，它们互相攻伐，混战不休。

少数民族进入中原后，汉人为了保家活命，便自发地组成了"乞活军"，以对抗胡人的侵略。有一个名叫陈午的统帅，手下有一名年仅十二三岁的勇将，名叫冉良。310年，匈奴汉国大将石勒率军进击河内时，在两军阵前见冉良精于骑射、勇悍无比，不禁赞道："这个少年的勇武实在是值得赞叹啊！"后来，石勒击败陈午，生擒了冉良，让侄子石虎将他认为义子。冉良英年早逝，其子冉闵便成为石虎的义孙。

石虎为人相当残暴，但却非常喜欢年幼丧父的冉闵，将冉闵当作自己的亲孙子。冉闵长大后，

身高八尺，力大无穷，并且足智多谋，逐渐成长为一员猛将。石虎率军攻打慕容鲜卑受挫时，手下二十多万大军溃不成军，只有冉闵所部井然有序，安然撤退，自此以后，冉闵威名日盛。

后赵内讧，冉闵掌权

349年，石虎去世。为了抢夺皇位，朝廷内部纷争频起。皇后刘氏联合吏部尚书张豹害死了本该即位的燕王石斌，拥立自己的儿子石世登上了帝位。当时，石虎之子彭城王石遵在外带兵，听说朝廷发生政变后，马上带领冉闵等部众回到邺城，并将皇后刘氏、张豹和新帝石世一并斩杀，然后自己登基称帝。由于冉闵立有大功，石遵便封其为辅国大将军，统领国内全部兵马。

沛王石冲听说石遵登基称帝后，亲率五万大军进攻邺城，石遵让冉闵率军前去迎战。冉闵是久经沙场的老将，而石冲只是一个不懂军事的纨绔子弟。两军一交战，石冲的军队便溃不成军，石冲被杀死于阵前。

这下，石遵彻底放心了，认为自己的皇位应该稳固了。但他怎么也不会想到，他的祸患才刚刚开始。石遵当初为了笼络冉闵，让其为自己效力，曾对冉闵说以后让他继承皇位。冉闵闻听此言，便舍生忘死地为石遵南征北战。然而，当政局稳定后，石遵却将当初的诺言忘得一干二净，将儿子石衍立为太子。此事发生后，冉闵大怒，但是他表面上没有任何气愤的神色，暗地里则开始秘密地扩充自己的势力。通过笼络军心，冉闵领

导的将士全都成为他坚定的支持者。

发杀胡令，驱逐异族

冉闵势力日渐强大，石遵疑心渐起，秘密策划除掉冉闵。但石遵之母亲手抚养冉闵成人，不忍心看到他身首异处，便苦劝石遵不要杀害他。石遵便将此事搁置了起来。谁知此事被奸臣石鉴得知，告诉了冉闵。冉闵听后大怒，随即便杀了石遵等人，然后将石鉴推上帝位。此后，朝廷里的羯族大臣不满冉闵掌权，冉闵便率领部众主动出击，消灭了他们。此事过后，冉闵明白自己无法得到羯人的支持，于是试探性地发布了"与官同心者留，不同者各所任之"的诏令。诏令一经发布，许多汉人争先恐后地进入邺城，而数十万羯族人则举家逃出城外。接着，冉闵又发布了一道"杀胡令"，令汉人斩杀胡人。由于汉人对石虎的残暴统治早已不满，再加上中原地区长期被外族占据，民族矛盾深重，因此汉族百姓纷纷响应"杀胡令"，仅几天时间就有数万胡人被杀，当地的

▶（晋）青瓷博山炉
博山炉又叫博山香炉、博山香薰、博山薰炉等，是汉、晋时期常见的焚香用的器具。

胡人日渐减少。

350年，冉闵将石鉴与石虎之孙统统斩杀，尽灭石氏。不久，他在邺城登基称帝，国号大魏，史称"冉魏"。在十六国时期，"冉魏"政权是北方罕见的汉族政权之一。冉闵登基后，马上派人出使东晋，希望东晋抓住时机，一统华夏。然而，此时的东晋已经衰弱不堪，统治者只想偏安一隅，因此未予回应。

遗恨廉台

352年，位于辽东的燕国大举进兵中原。燕将慕容恪率领二十万鲜卑骑兵攻打冉魏。两军在廉台地区进行了激烈的战斗。冉闵以区区一万军队抵御燕国的二十万大军，最终被燕军的"连环马"包围。冉闵亲手砍杀了数百名敌兵，力竭被俘。冉闵被俘后，燕王慕容儁讥讽冉闵说："你本是石虎的一个家仆，有何资格登上天子之位？"冉闵大喊道："天下战乱不断，尔等蛮夷之流都敢自称九五之尊，我华夏豪杰，为何不敢登基称帝！"后来，冉闵在龙城（今辽宁朝阳）被杀。

◀（晋）青瓷盘口瓶
高11厘米，口径9厘米。盘口，短颈，溜肩，鼓腹，平底。通体施黄褐色釉。

〉〉〉东晋书法家王羲之与名士谢安、孙绰等四十一人在会稽山阴县境内的兰亭饮酒赋诗，王羲之作《兰亭序》。

◎看世界／波斯王攻击嚈哒　　　◎时间／464年　　　◎关键词／腓鲁兹

在北方建立起来的十六个政权之中，氐族建立的前秦政权是比较重要的一个。氐族人苻洪为前秦的建立立下了汗马功劳，苻洪死后，他的儿子苻健继承了父位。此时，石勒所建立的后赵正处于崩溃的边缘，于是苻健趁此时机，率兵进入关中。351年，苻健自称天王、大单于，翌年称帝，国号秦，定都长安，史称前秦。

公元266年~公元420年
/////////两晋十六国/////////
苻氏建前秦

后凉、南凉、北凉、西凉、胡夏。"五胡十六国"不过是一个大概的说法，仅代表了这个时期的主要政权，此外还有一些政权因为实力弱小、存在的时间不长而没有算进去，如西燕、冉魏、代国等。

在这动荡的一百多年中，前秦曾让人看到了统一的曙光，可它最后还是覆灭了。

中原分裂混乱

自汉朝开始，胡人就陆续向内地迁移，实力渐渐强大。西晋时，他们已经发展到了关中和泾水、渭水地区，晋朝的都城洛阳也有不少胡人。后来，胡人趁八王之乱后晋国政权分裂、国衰民敝的机会，发动暴乱，企图从中获利。

西晋覆灭后，司马睿在江南建立了政权，历史上称为东晋。此时，北方各民族政权互相争战，中原地区四分五裂，这种在我国历史上极为少见的割据局面共持续了一百三十五年（304~439），历史学家称这段时期为"五胡十六国"。

所谓五胡，指羯、氐、羌、匈奴和鲜卑五个少数民族；十六国是指成汉、前赵、后赵、前秦、后秦、西秦、前燕、后燕、南燕、北燕、前凉、

英雄莫问出处

前秦是十六国时期北方最强大的政权之一，其奠基者原名蒲洪，堪称一代英杰。蒲洪（285~350），字广世，略阳临渭氐族人。他的父亲是氐族部落的小首领。蒲家世代为西戎酋长，本无姓氏。后来因为他家地里长了一种香蒲，枝条很高，根也扎得很深，茎节就像竹子，非常特别，所以附近的人家都管他家叫"蒲家"，如此渐传渐广，他们就干脆将"蒲"作为自家的姓氏。

据史书描述，蒲洪是一个"爱好施舍，多有权谋，善于骑射"的人，他的善行及才能为他赢得了良好的人缘，使他在

◀（北凉）石造像塔
上半部采用印度佛塔的样式，以圆形宝顶、七层相轮和圆形覆钵组成。塔基有八面，分别饰有图案。顶部刻有北斗七星，表示塔寺坐南朝北，与传统的风水观念相符合。

▼（晋）青瓷鸡首壶

族人之中威信很高。

永嘉之乱后，在族人拥护下，蒲洪成为监主、略阳公，他自封为秦州刺史、略阳公。刘曜建立前赵后，为解决略阳复杂的民族问题，命蒲洪带族人从略阳转移到京兆，这样一来就有利于他对这队氐人的掌控和利用。后来，石勒打败了刘曜，蒲洪就趁机带部族回到略阳。不久，石虎进入关内，进攻陇右上邽，蒲洪就带领军众归顺了他。

蒲洪多次为石虎出奇计，因此石虎非常相信他，任命他为冠军将军。之后蒲洪又因不断立功相继担任龙骧将军、流人都督等，最终成为西平郡公。他手下多人受封，氐族的权势得到了快速增长。石赵末期，蒲洪统帅的氐族军队已成为关东最强的军事力量之一。石遵即位后听信谗言，疑忌蒲洪，罢免了他。蒲洪心中气愤，就投靠了东晋。晋穆帝永和年间，冉闵下“杀胡令”，中原的氐、羌等族群逃归故土，蒲洪加以收聚，兵力迅速增到十万多。

后来，蒲洪受晋穆帝之封，任征北大将军、冀州刺史、广川郡公。因为谶文中说“草付应王”，蒲洪就改姓“苻”，并有了争夺中原的野心。然而不久，从石虎处投奔过来的麻秋把他毒杀了。他留下遗言，让儿子苻健赶快入关。

苻健建立前秦

苻健遵从父亲的遗志，先为父报仇，将麻秋杀了，后来带父亲经营的军队西进入关。此时的关中为后赵官员杜洪、张琚占据，他们声称自己是东晋的征北将军、雍州刺史，因此得到了关中人民的拥护，颇有势力。

苻健带着军队过了黄河急取关中，突破了杜洪的防御，关中的许多城邑和部族都归降于他，杜洪一干人迫不得已而退守长安。苻健在渭北破了杜洪之军以后，三秦之地的郡县都归顺于他，于是他率军直攻孤城长安。杜洪和张琚眼见不敌，弃城而逃，奔至司竹，关中就此落入苻健之手。永和七年（351），苻健自称天王、大单于，翌年称帝，国号秦，定都长安，史称前秦。

苻健称帝之后，关东的军事势力并没有积极拥护，许多人想取而代之。354年，东晋的桓温领军北进，所到之处，郡县陆续归顺，关中的形势极不安稳。苻健沉着决策，让管辖地及早收粮，坚壁清野以待敌人。东晋军队因为粮草不济，尽管进军灞上，却最终被苻健击败，桓温率队南去。之后，苻健亲自率军攻下西凉，前秦的疆域延至陇东。

苻健在位期间，勤理国事，爱民如子，并注意处理与各族的关系，使得前秦政权渐趋稳定。同时，受尽战乱之苦的关中之地也逐渐稳定，为后来苻坚统一北方打下了根基。

〉〉〉东晋常璩所撰《华阳国志》成书，该书记述了西南地区的历史、地理、风俗、人物。

苻健之侄苻坚不仅学识渊博，而且足智多谋。357年，苻坚在各族豪强的拥护下，将暴虐的堂兄苻生杀死，自任大秦天王。他任用贤能，励精图治。在他的治理下，前秦国内相对安定，呈现出一派欣欣向荣的景象。在此基础上，前秦逐渐强大，于是苻坚集中氏族武装力量，开始了统一黄河流域的征战。382年，前秦统一整个北方，与东晋形成南北对峙的局面。

公元266年～公元420年
///////// 两晋十六国 /////////
大秦天王苻坚

有德者昌，无德者亡

苻坚，字永固，略阳临渭（今甘肃秦安东南）的氏族人。他是前秦建国前驱苻洪之孙、建国者苻健之侄。苻坚的父亲是苻雄，苻雄辅助兄长苻健登上帝位，为了赏其功劳，苻健封他为东海王。苻雄去世后，苻坚继承爵位。

355年，苻健因病去世，他的儿子苻生即位。苻生性情暴虐，视人命如草芥。他自小失去一只眼，不愿别人在自己面前说"缺""残"等字，即使有人无意说出也不能免于责罚，苻生要么将其处死，要么断其手脚，由此朝中伤残之人倍增。苻生性情怪异，有一次他问大臣："天下之人认为我怎样？"谁口

吐实话，用心规劝，谁就被以诽谤罪杀掉；可谁谄谀奉承，说好话给他听，他又觉得这人献媚，也同样杀掉。朝中大臣个个心惊胆战，苻生若因病或耽于玩乐而不上朝，他们往往兴奋得如遇大赦，觉得又可侥幸多活一天。

在这样的统治下，人人惶惶不可终日，都盼着君位换一个人坐，而众望所归的人选正是苻坚。苻坚一直在暗中准备，等候时机。后来，他觉得时机成熟，便集合下属，乘夜闯进了苻生的宫殿。烂醉如泥的苻生在睡梦中被结束了生命。在众臣的拥护下，苻坚成为新君，号称大秦天王，改元永兴。

▼惶惶不可终日的大臣们
苻生性情暴虐，视人命如草芥。大臣们终日心惊胆战，害怕大祸临头。如果苻生因病或耽于玩乐而不上朝，他们个个如遇大赦，觉得又可侥幸多活一天。

〉〉〉晋将荀羡为了征伐盘踞在汶水上游的慕容兰，开洸河引汶水通于泗水，所修运河覆盖了以中原地区为中心的广大地区。

继承大统，励精图治

残暴昏庸的苻生使前秦国内一片混乱，加上时而袭来的水旱之灾，百姓生活在水深火热之中，苦状难言。苻坚即位后立志稳定形势，改变现状。

苻坚虽是氐人，但受汉族文化影响很深，他渴望前秦成为一个各民族友好共处、统一富强的国家。因此，他用人不偏不倚，既起用鲜卑、羯、羌等族之士，也努力同汉族权贵搞好关系。他广泛招揽贤才，任用了一批德智双全的汉族官员，其中就有出身低微的王猛。

当时前秦混乱不堪，长时间的战争耗费了大量物力财力，国内经济衰落，各种冲突不断，形势十分严峻。针对这种局势，王猛给苻坚提了诸多应对策略。例如打压氐族权贵，巩固中央集权；严惩违法的氐族权贵，维护皇帝的权威。

推行教化，任人唯贤

在苻坚的治理下，前秦的国内形势渐渐好转，长安城中"路不拾遗，风化大行"，民风大大改善，社会也比较安定。在解决了官员收受贿赂等问题后，苻坚又开始大力兴办教育，他从小学习汉族文化，十分尊崇儒家经典，先后建立了太学及地方学校，令公卿以下官吏的子孙入学读书。他还亲任太学主考，奖励优秀学生。

此外，苻坚让地方的上下官员都举荐贤才，分派到各级权力机关。对于推举者，苻坚也是多举荐多奖赏，若被举荐者无才无能，举荐者还要

◀（东晋）盖罐

江苏泰州海陵出土。直口，短颈，平底。肩部置六桥形系，前后两对，左右各一。米灰色胎，内外遍施青黄色釉，釉质稀薄。

受罚。他还下令说，官俸百石以上者必"学通一经，才成一艺"，达不到要求就免职。在苻坚的提倡下，前秦出现了争先学习、修身养德的风气。此时的前秦"士皆自勉，才贤众多"。

国强民安，统一北方

在王猛的辅助下，苻坚的改革措施取得了极好的成效。前秦的经济实力逐渐得到恢复和发展，关陇一带出现了"田畴修辟，帑藏充盈"的局面，国家安稳，百姓富足。

前秦国力稳步上升，而周围各国却日渐衰落，于是苻坚开始向外扩张。建元六年（370），王猛以少胜多，将前燕消灭。接着，苻坚消灭了前凉，分化了代国，此时前秦空前强大，中国北方在西晋覆灭后重新得到统一。

成就如此功业之后，苻坚的骄矜之心渐生，他一改过去的节俭之风，变得奢靡起来。大臣们纷纷规谏，尚书郎裴元略进言："从前史来看，皇帝厉行节俭，勤于朝政，国家才可获得安定，若皇帝贪图享乐，国家就将灭亡了。还望陛下以此自戒，恤民务政。因为这样才可使国家久安，百姓久乐，才能一统天下，成就宏业。"苻坚听取了他的谏言。遗憾的是，苻坚并未能够一直从谏如流，他后来不听众臣意见，固执地进攻东晋，在淝水之战中兵败，遗恨千古。

〉〉〉符坚即前秦帝位，重用出身贫寒的王猛，改革政治，镇压豪强，发展生产，使得前秦"田畴修辟，帑藏充实，典章法物靡不悉备"。

王猛是前秦皇帝符坚的重臣，他帮助符坚处理军国大事，使得前秦一度繁荣。他曾经与桓温扪虱论天下，被后世传为佳话。不过王猛年仅五十岁就去世了，给符坚留下了不可攻晋的遗言。但符坚没有听从王猛的话，最终在淝水之战中惨败，前秦从此一蹶不振。

公元266年~公元420年
//////////两晋十六国//////////
王猛扪虱论天下

人穷志不短，扪虱论天下

王猛，字景略，是十六国时期著名的政治家、军事家。他幼时家中贫困，曾以卖簸箕为生，但他好学喜书，因此学问很深。王猛为人谨严，很有气度。当时关中士族中的一些虚荣之人因他出身卑微而看不起他，他也不愿与这些人为伍，一点也不在乎他们的轻视。后来他隐居在华阴山，等候识才之人到来。

此时的北方战争很多，氐族的头领符洪趁乱称王，但不久就遭到暗杀。之后他的儿子符健继承父志，于351年攻下关中，以长安为国都，建立秦国，次年称帝，实力不断壮大。354年，桓温率晋军北征，曾驻扎在灞上，王猛听得此信，便去桓温处求见。

桓温对这位衣衫褴褛、神情严肃的人感到好奇，他想知道王猛的才学如何，就让他分析一下当前的天下大势。王猛侃侃而谈，论说南北双方的政治、军事得失，十分精辟，可谓见识不凡，

令桓温惊叹不已。王猛一面论说国家大事，一面伸手捉身上的虱子，桓温身边的卫士见到了，忍俊不禁，王猛则毫不在乎，继续谈论。桓温问王猛："我受了天子之命，统率大军讨伐夷族，解救百姓于水火，这是顺应民心之事，可关中豪强为什么没有人应声而起呢？"

王猛神色泰然，回答说："您率军深入，远来不易，可现在长安城就在近处，您却不立刻渡灞水击敌，百姓都不知您打算干什么，所以无人响应啊！"王猛的话就是说桓温不是真心为民而来，而是想立功扬名，向晋帝请功受赏。

桓温被王猛说中了心事，不知如何回应，他想了很久，终未作出正面回应。后来桓温缺少粮草，加上前秦军队不肯出战，只得率军回去。桓温欣赏王猛的才能，就请他一同南归。王猛不知如何抉择就回去问老师，他老师说："你愿和桓温之类的掌权之臣同朝为官吗？还是留下吧，在此就可显达，不用去那么远的地方。"于是王猛就谢绝了桓温的好意，仍隐于山中。

出仕前秦，一展奇才

355年，符健因病去世，符生继承父位。符生生性暴虐，毫无怜悯之心，多行杀罚，尽失人心，仅两年时间就让前秦动乱不堪。符健有个侄儿名叫符坚，此人颇有才气，且到处寻觅贤人能士，心存取代符生之意，以期好好整顿国家。于是，尚书

◀（西晋）越窑青釉堆塑谷仓

又名丧葬瓶、魂瓶，此类瓶由汉代的"多管瓶""谷仓罐"发展而来，为三国西晋时期专为陪葬烧制的冥器，流行于东南沿海地区。古人"事死如事生"，所以谷仓亦称"魂瓶""皈依瓶"，生者希望逝者凭此丰衣足食，还魂复生。

吕婆楼将王猛举荐给了苻坚，他称赞此人的文韬武略极为难得，不过现在隐居不仕。苻坚就让吕婆楼去拜见王猛，请他出仕。苻坚和王猛一见如故，他们谈论国家兴亡，极为默契，彼此心中都暗暗称奇。

357年，苻坚开始行动，将苻生杀死，自称皇帝，号大秦天王。他拜王猛为中书侍郎，掌管政治、军事机密。当时，前秦的氐族权贵势力很大，始平县的氐族豪贵仗着功劳多而不顾法纪，到处惹是生非。始平县邻近长安，地理位置显要，苻坚就把王猛调到那里做县令，让他治理此地。王猛一上任就用一整套法律来管束那些权贵，他为官公正，严格执法，不讲私情，得罪了很多氐族的权贵。王猛还处死了一个罪大恶极的官吏，这使氐族权贵大怒，他们共同向朝廷上书，请求严惩王猛。苻坚亲审王猛，王猛据理力争，将整件事情的来龙去脉说得一清二楚，还分析了自己判决的依据。苻坚就此明白了治国必须德威并用，不可只偏用德治，于是马上放了王猛，并让他代替程卓为尚书左丞，负责监察百官。从此，苻坚更加倚重王猛。

◀（晋）青釉堆塑塔楼

功，他出身于氐族将门，很瞧不起王猛这样出身寒微的文人。他觉得王猛是个碰上好机会的小人，曾在众目睽睽之下指着王猛骂道："我们费尽心血帮主公打下江山，现在却让你这个无功小人来管国家大事，这岂不是我们耕地而你吃白食！"王猛也不客气，回敬他说："岂止耕地，你们还得为我做饭呢！"樊世怒气冲天地说："我要是不将你的头割下来挂在长安城门之上，我就去自杀！"过了几天，他俩在苻坚跟前又吵了起来，樊世当面就想打王猛，还恶言相向。苻坚看樊世太不像话，同时他也早想给氐族的贵戚一点颜色看看，于是将樊世定了死罪。苻坚杀鸡给猴看，氐族贵戚的气焰从此被压制了下去，他们再也不敢明目张胆地生事了。

君臣相得，鞠躬尽瘁

王猛治国严谨，赏罚分明，前秦的推举赏罚制度和官吏考核标准就是他制定的；他还着力发展教育，为国家储备人才；同时修建水利工程，鼓励发展农业。他的一系列政策让前秦逐渐崛起，成为当时的强国。他还是一个优秀将领，曾多次领军征战，消灭了前燕、代国和前凉，占据了黄河流域，为前秦一统北方打下了基础。

因为劳累过度，王猛于375年病倒。他临终前劝苻坚说："尽管东晋偏安江南，可它继承了晋朝的正统，君臣和睦。我死之后，陛下切不可攻晋。秦国的主要敌人是鲜卑人和羌人，要将精力放在消灭鲜卑人和羌人上，以免留下后患，如此才可使大秦国泰民安。"不久，王猛在长安病逝。

身居高位，惹人怨恨

王猛后来又接连被升迁为咸阳内史、京兆尹，不久又被任命为吏部尚书和太子詹事等，在一年中升官五次。此时他才三十多岁，手掌大权的他用心为国效力，以此回报苻坚的知遇之恩。

王猛如此年轻就手握重权，身居高位，还是个汉人，很自然地引起了朝中那些旧臣贵戚们的不满。樊世曾跟随苻健征战，为前秦的建立立过

苻坚统一北方后过于自大，忘记了王猛"切勿进攻晋朝"的遗言，一意孤行，举兵南征。结果，他引以为傲的百万雄兵在淝水之战中溃不成军，被八万晋军打得落荒而逃。此战之后，前秦实力大减，各族将领纷纷自立，刚刚统一的北方再次陷于分裂。

不听劝阻，执意南征

苻坚勤理国政，任用贤能，用二十年的时间使前秦强盛了起来，基本统一了北方。东晋此时尚偏安南方。379年，攻下东晋的襄阳后，苻坚觉得消灭东晋、统一天下的时机已经成熟，于是决

公元266年～公元420年
///////// 两晋十六国 /////////
淝水之战

定向晋出兵。王猛去世前曾告诫苻坚不要攻打东晋，专心对付鲜卑人和羌人，因为这两个民族才是前秦最主要的敌人。可苻坚早已被胜利冲昏了头脑，哪里还记得王猛的嘱咐。他不但一意孤行，还十分信任鲜卑贵族慕容垂和羌族贵族姚苌，这无异于自掘坟墓。

382年秋，苻坚召开御前会议。他说："我治国已经近三十年了。如今别的地方都已归服，只余下偏居东南的东晋。现在我想发动国内的百万精兵，亲自讨伐东晋，你们觉得如何？"大臣权翼说："东晋的国势虽然弱，可在晋君的治理下，晋

▼淝水之战

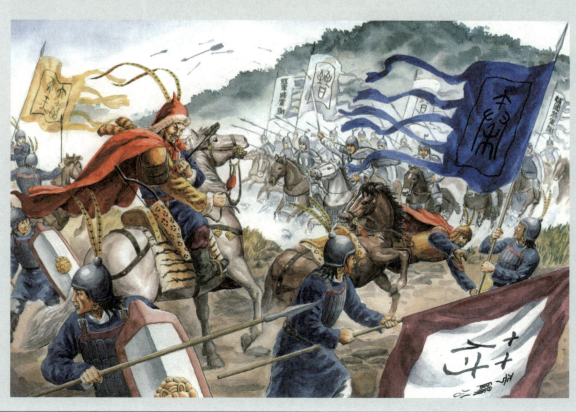

◎看世界／东罗马立尼波斯为西罗马皇帝　　　◎时间／473年　　　◎关键词／格里西里阿斯

▲（魏晋）玉兽

汉至魏晋时期，玉兽多作为玉镇用。在古代，人们吃饭时，坐席的前部一般都放上铜镇或玉镇，这一习俗在战国时期就有。

国政治清明，晋君也并无什么过失；再说东晋现在有谢安、桓冲等贤人辅政，他们上下同心，又有长江天险的保护，恐怕现在还不是灭晋的时候。"苻坚的脸顿时沉了下来，大声说道："长江算什么，我们有百万雄师，每人把自己的马鞭扔到江中，都能将江水截断，东晋还有什么险可凭！"众臣争论了很久都没有达成共识，苻坚十分不满，怀怒离座。大臣们走后，苻坚对他弟弟苻融说："古往今来，决定国家大事的不过是一两个人，这件事还是你我来决策吧。"苻融诚恳地说："陛下，我们打仗多年，兵马疲惫，士兵们都不愿出去打仗了。刚才劝陛下不要出兵的都是国家的忠臣，还望您能采纳他们的意见。"

苻坚没有料到自己的弟弟也不与他同心，沉下脸说："你也说这种丧气话，我该同谁来定天下大事啊！我秦国有百万之师，粮草充足如山，我就不信攻克不了弱小的晋国！"苻融垂泪而谏："当前真的不是伐晋的时候啊，都城中有这么多的异族势力，他们都是不稳定因素。您远征在外之时，他们若趁机作乱，后果将不堪设想！您难道忘了王猛的遗言吗？"苻坚还是没有听进去。前

〉〉〉前秦苻坚攻灭前凉、前代，并进占东晋梁州、益州，最终统一了北方，与南方的东晋以淮水为界，隔河相对。

燕降将慕容垂和羌族首领姚苌心怀鬼胎，想趁苻坚南征之机渔利。二人竭力劝说苻坚伐晋，声言"独断"正是霸君的作为。最终，苻坚于383年下诏出兵伐晋。

轻敌遭败，草木皆兵

383年夏，苻坚下了征兵令，命百姓中每十名男子出一人为兵，富贵之家二十岁以下的健壮子孙则都编进了御林军，如此一来，他一共集合了九十万兵力，号称百万，相继进赴江南。军队绵延千里，颇为壮观。苻坚想凭着具有压倒性优势的兵力，一举拿下东晋。大军压境，东晋朝廷十分惊恐，而丞相谢安则神态如常，力主抗战。他用心经营，作了全面的准备，令弟弟谢石为征讨大都督，侄子谢玄为先锋，带领极具战斗力的精兵"北府兵"顺着淮河西上，对阵秦军主力。

东晋军队虽仅八万人，可军势甚盛，毫不逊于前秦大军。大将胡彬带着五千水军支援战略要地寿阳（今安徽寿县），桓冲则带军据于荆州，防止秦军渡江。同年冬，谢玄令猛将刘牢之领五千精兵突袭洛涧，前秦将领梁成率五万部卒迎战晋军，淝水之战正式开始。刘牢之分兵绕至秦军之后，切断其归路；自己则领兵强行渡过洛水，攻击秦军。秦军不敌，只一会儿工夫就散乱不成阵形，统帅梁成和弟弟梁云战死，秦军争渡淮河保命，此战中共损失一万多人。洛涧之战的胜利使晋军士气大增。谢石带军水陆并进，一直到达淝水（今安徽寿县南瓦埠湖一带）东岸，在八公山山脚下安营扎寨，同驻扎在对岸的秦军相持。苻坚登上寿阳城楼，放眼一望，只见对岸的晋军队列

▶寿县城门

寿县古城位于安徽中部、淮河中游南岸，是淝水之战的古战场，城墙坚固，气势雄伟，迄今仍保存完好。

严整，杀气甚盛。连八公山上的草木也被他看成晋兵，此情此景让他心中慌乱。"草木皆兵"这一典故即由此而来。

风声鹤唳，前秦危亡

秦军紧靠淝水西岸列阵，晋军过河不能立足，两军只能隔河相峙。谢玄让使者过去见苻融，使用激将法，问他敢不敢先让秦军后退，待晋军过河后再决一死战。秦军将领都不同意，可苻坚决定将计就计。他认为先让自己的军队后退，等晋军渡河渡到一半时再用骑兵冲击，就能取胜。苻融十分赞成，于是同意后撤。可秦军士气不高，一后撤就乱了阵形。于是，谢玄带着八万东晋骑兵抢渡淝水，进击秦军，苻融战死。秦军乱了方寸，前锋的退败让后面的军队也惊慌失措，四处逃亡。秦国败兵不敢稍加停留，听到风声及鹤叫也恐慌不已，以为是晋军追上来了。晋军乘胜追杀，秦军人马乱踩，死伤无数，尸横遍野，血流成河。苻坚在战乱中中箭受伤，单骑奔回洛阳。

东晋取得了淝水之战的胜利。这场战争是十六国时期规模最大的一次战争，苻坚一统天下的梦想在这次失败中彻底破灭，刚刚统一的北方再次分裂，鲜卑族的慕容垂和羌族的姚苌集结了势力，各自建立了政权。淝水之战两年后，苻坚被姚苌杀害，前秦随之灭亡。

〉〉〉在祖逖、桓温等人北伐之后，东晋再次北伐，丞相谢安任命谢玄为征北大将军。

谢安出身于东晋的大族，身世显贵，但却不愿为官，而是隐居于会稽，整日吟诗作赋。当时的士大夫中有这样一句话："谢安不仕，天下百姓该怎么办呢？"由此可见他的名望与才能。四十多岁时，谢安才"东山再起"，出山为官，并且凭借卓越的才能在历史上留下了光辉的一笔。

公元266年～公元420年

////////两晋十六国////////

谢安东山再起

▶（东晋）四系罐

罐为远古时代人们生活中不可或缺的盛贮器，新石器时期已有。肩部带系的罐，在两晋南北朝时期非常流行。系原为结绳挂置而设，但后来已不具备实用功能，只是一种对称的装饰。

安才华出众，又声名远播，虽隐居于此，还是有不少人来请他出山为官，不过都被他拒绝了。

那时，谢氏族中人才辈出，谢安的堂兄谢尚已当上了荆州刺史，谢安的兄弟也纷纷出任高官，谢家门面甚是光辉，而谢安却整日与文士游山玩水，不愿当官。许多有才识的人都为他感到可惜，有人还说："安石不出仕，如天下百姓何？"不过也有人认为谢安太清高狂妄，竟无视皇权，他们还上书请求治他的罪。

谢安对别人的议论不屑一顾，不过他没能一直隐居下去，他弟弟谢万出事后，他的人生就此改变。

隐居东山，无意仕途

谢安（320～385）是陈郡阳夏（今河南太康）人，字安石。陈郡谢家是当时有名的大家族，在永嘉之乱中跟随元帝过江东迁。谢安小时候就很聪明，在这样的家庭中，他又受到了极好的教育，长大后越来越显示出非凡的气度，颇有名家风采。时任尚书吏部郎的桓彝（桓温的父亲）赞叹说："这孩子风骨清俊，以后的地位定能与王承相比。"王承是东晋初期的大名士，桓彝拿谢安与他比，自然是对谢安非常看重。

谢安虽然出身名门，可成年后的他不愿置身于争名夺利、尔虞我诈的官场，更不愿意借家庭的威望得仕，于是他整日闲居于会稽东山地区。会稽有山有水，山明水秀，如此去处，自然少不了文人雅士。谢安在此与王羲之、许询、孙绰、李充等名士同游山水，或作诗或作画，逍遥自在。谢

出山做官，力挽狂澜

谢万官居西中郎将，管理青、豫、冀、并四州的军事，位高权重，可是他高傲自大，不知道善待下属。谢安经常劝他，可他就是不听。359年，谢万率军北征，结果惨败，他因此被罢官，谢氏家族在朝中的权势受到极大削弱。

谢安在弟弟被免官后出山做官。他先是当了征西大将军桓温的司马，在谢万因病去世后，他又改任吴兴太守。

东晋朝廷在咸安年间政局动荡，桓温领军进行了第三次北征，攻打前燕，不料被前燕名将慕容垂打得大败而归。桓温回来后不久就废了司马奕，拥立会稽王司马昱为帝，即简文帝。谢安发觉了桓温觊觎皇位之心，决定帮助朝廷，不让桓温

〉〉〉苻坚大举进攻东晋，双方于
淝水会战，前秦大败。

▲东山携妓图

这幅画描绘了东晋名臣谢安的事迹。谢安早年曾隐居于会稽（今浙江绍兴）东山，整日纵情诗酒，出游必携歌妓同行。

得逞。

简文帝在位不到两年就悒郁而逝，他将皇位传给了太子司马曜。而桓温一直想让简文帝逊位给自己，此时他大失所望，于是带军至建康，阴谋以武力争夺皇位。谢安沉着应对，以妙计消除了这场危机。回军途中，桓温染上重病，仍心系皇位，他给朝廷上书请求恩赐他九锡之礼。谢安从中机智地斡旋，延迟赐封的时间，使桓温至死也没见到朝廷的封赐文书。谢安后来又当上了尚书仆射兼吏部尚书，东晋的国政已被他握在手中。

虽然桓温夺权之危已经化解，可东晋政权仍然处于不安之中。朝廷内部，皇族与公卿士族间的矛盾、公卿士族之间的矛盾一直没有消失；而外部又受到实力不断壮大、且已统一了北方的前秦的威胁。内忧外患，一时并起。

镇定自若，决胜千里

一场危机于东晋太元八年（383）悄然降临，前秦皇帝苻坚下了决心统一南北，他统领百万之师南下灭晋。闻知消息的东晋朝野皆乱，人人都认为抵挡不了前秦的进攻，而谢安在这紧急关头表现出了宰相气量，他举止不乱神色如常。朝廷任命他为征讨大都督，主掌军权。他令弟弟谢石、侄子谢玄、儿子谢琰等人领八万晋军迎敌。行军之前，谢玄想知道叔父如何打算，就请他明示，谢安镇定自若地说："到时我会下命令的，你先去吧。"之后就不再言语了。

荆州的守将桓冲心中也是焦躁万分，他特意派了三千精兵过来援助朝廷，不过却被谢安拒绝了。众人对谢安能否使东晋转危为安疑虑重重。实际上，谢安怎能不着急呢，只是他身为东晋宰相，身系国家安危，他若表现出焦躁之情，那么整个国家就会方寸大乱，因此他只得隐藏心中的烦

▲东山报捷图

淝水之战中，东晋宰相谢安作好战略部署后，便在家中与客人下棋。他神色平静，镇定自若，似乎一点也不担心战况。

自己的处境不妙，想寻机离开朝廷。

太元十年，前秦国内起了内乱，苻坚派人求东晋出兵帮助平定。谢安请求自己前去，然而他尚未出发就身染重病，不久就去世了。孝武帝觉得很惭愧，为他举行了庄严的悼念仪式，还追封他为太傅，百姓们将他尊称为"东山贤人"，史书上还称他为"江左第一风流丞相"。

乱，定下心来安排大局。他一面稳定人心，一面从容地准备战事。后来，谢安与客人在府中下棋时，淝水之战的捷报传了过来。他接过看后就扔在了一边，不动声色继续下棋。客人却忍不住了，问他情况如何，谢安平静地说："小儿辈已经破敌。"可是棋终送走客人后，谢安再也无法控制自己的兴奋之情，回内室之时，他竟忘了抬脚跨门槛，结果把鞋底的木齿都撞断了。

无辜遭猜忌，贤臣终离世

淝水一战大大提高了谢安的名望，不过同时他也受到琅琊王司马道子的疑忌，司马道子时不时地在孝武帝面前进谢安的谗言。谢安也察觉到

▲（东晋）青釉加彩四系壶

盘口，短颈，溜肩，圆腹，平底，肩部有四对称系，通体施青釉，有褐色斑片。褐斑装饰始见于西晋晚期，至东晋广为流行，多饰于器物口沿部位。

〉〉〉拓跋珪破铁弗匈奴刘卫辰部，得马三十余万匹、牛羊四百余万头，使得黄河以南（今鄂尔多斯一带）各部都归附于北魏。

魏晋风流，多以貌取人。才子左思其貌不扬，纵然志高才雄，胸怀旷迈，仍为世人所鄙。不过，左思以一篇《三都赋》使得"豪贵之家，竞相传写，洛阳为之纸贵"，成为千古美谈。

公元266年～公元420年
/////// 两晋文化 ///////
洛阳纸贵

家穷貌丑，不善交游

西晋时期，有位年轻人满腹经纶，文采斐然，历时十年写成一篇字字珠玑的文章，以至于豪门贵族竞相传阅转抄，纸价陡涨，一时街巷尽知，人人津津乐道。这位才子就是左思。

左思字太冲，临淄（今山东淄博）人，出身寒微，其貌不扬，是西晋时著名的文学家。左思幼时并未展露出什么天赋，而且贪玩懒惰。他曾经学习过击钟（古时的乐器）和鼓琴，皆一无所获。一

天，其父在与他人聊天时无奈地说："左思这孩子的领悟能力远远不如我小时候。"谁也没料到，少年左思听了父亲这句感叹后，深受刺激，从此决定发愤努力，让父亲对他刮目相看。左思相貌较丑，而且还木讷羞怯，因此经常被人耻笑，所以他经常呆在家里不愿出门，不过这样一来，也就有了充足的时间来博览诗书。功夫不负有心人，左思后来在辞赋和诗歌方面都取得了极大的成就。

《三都赋》名震洛阳

临淄曾是古代齐国都城，也是左思的故乡。他很为家乡的雄伟壮丽感到骄傲，为此特意花了一年写了一篇《齐都赋》来称颂它。后来左思又想写一篇有关魏、蜀、吴三国都城的赋，但因没去过这三座都城，也不了解相关状况，只好暂时搁笔。此时，他的姐姐左棻因为才貌出众被选为皇帝的妃嫔，于是左家举家迁居到都城洛阳。

左思刚到洛阳，便听说了另一位才子潘岳的风流韵事。据说这位潘公子出身名门，不但人长得姿仪秀美，风度翩翩，文章也写得极好，文笔华美流畅，文风清绮哀艳，因此被世人追捧，妇人尤甚。成语"貌比潘安"中的潘安指的就是潘岳，后来逐渐成为美男子的代名词。

有了潘岳作对比，左思即使文化修养和才华都更胜一筹，仍不为洛阳人所喜。因容貌丑，他每次出门还必须以帽檐遮脸，非不得已，不敢以面目示人，否则必遭妇人唾沫与石块的攻击。另外，左思的不受欢迎不仅仅因为外貌的丑陋，更在于他出身低微，不愿结交朋友。后来，左思痛定思痛，决心改正不善交际的缺点，多方拜访名人文士，

▲洛阳纸贵
左思的《三都赋》在洛阳名声大振，富豪贵族争相传抄阅读，以至于洛阳城内的纸张都脱销了，纸价暴涨。后世于是有了一个"洛阳纸贵"的成语，用来形容一个人的文章精彩绝伦。

四处游览各地风光。在实地考察的基础上，他构思十年乃成绝世名作《三都赋》。为了写好这三篇文章，左思可谓是呕心沥血，不敢有丝毫懈怠。他的家里到处都摆满了纸笔，一旦有了灵感他就立刻写下来，就连入厕时都在揣摩着如何遣词造句。

著名文士、医学家皇甫谧看到此文后，认为其文如精珠美玉，光彩熠熠，他对这种遒劲雄健、流丽练达的文风大加赞赏，并欣然提笔为其写了一篇序言。时任司空的文学家张华读后也赞不绝口，说道："左思真是如班张（指班固和张衡，两人分别以《两都赋》和《二京赋》名闻天下）一样的人物啊，他的文章读起来令人回味无穷。"经过皇甫谧和张华的大力宣传，《三都赋》顿时名声大震，一时间富豪贵族们都争先恐后地传抄阅读，以至于洛阳城内的纸张都脱销了，价格暴涨，左思的故事也由此成为千古美谈。后世也随之有了一个"洛阳纸贵"的成语，用其来形容一个人的文章精彩绝伦。

官场失意，文坛得意

左思早年有着强烈的济世之心，自认志高才雄，希望有所作为。但是西晋社会极为看重门第等级，在门阀制度的压抑下，他始终怀才不遇。后来即便凭借《三都赋》名噪一时，左思还是屡不得志。世道的不公常使他内心极端绝望，充满愤懑慷慨之情，只有把对现实的不满融入到诗作中，以寻求内心的平静。他有一篇诗作《招隐》："杖策招隐士，荒涂横古今。岩穴无结构，丘中有鸣琴。白雪停阴冈，丹葩曜阳林。石泉漱琼瑶，纤

▲（西晋）青釉盆
折沿平底浅盆，器形别致，边沿印有网格纹，青釉润泽莹亮。一只小狗侧卧盆底，双耳竖起，意趣盎然。

鳞或浮沉。非必丝与竹，山水有清音。何事待啸歌，灌木自悲吟。秋菊兼粮粮，幽兰间重襟。踌躇足力烦，聊欲投吾簪。"

在这首诗中，他激昂慷慨地歌颂了隐士的清高，抒发了对现实不公的愤慨，对门阀等级制度的强烈嘲讽，也体现了他从追求功名利禄到向往淡泊隐逸生活的思想转变。

在左思众多的作品中，《咏史》八首是他的代表作。这八首诗是他对社会现实的领悟和反思，诗文内容大多借古讽今，对士族权贵表示了极度的鄙视。左思创作的诗歌笔力矫健，情调高亢，气势磅礴，极具浪漫主义色彩，这种风格被后世称为"左思风力"，对后世诗词歌赋产生了极其深远的影响。钟嵘在《诗品》中称赞道："文典以怨，颇为精切，得讽谕之致。"

左思虽然仕途失意，但他在诗文创作中经历了完美的蜕变，重新回归自然，逐渐视名利为粪土，看荣辱如浮云，最终成为西晋时期诗歌艺术成就最高的诗人之一，赢得了千古美名。

少年读全景中华上下五千年 3

魏晋风骨

动荡南北朝/// 多少楼台烟雨中

公 元 4 2 0 年 ~ 公 元 5 8 9 年

皇位自古以来就不易得，生于皇室之中有时得经历一番明争暗夺，生于普通人家，登上皇位更是困难重重。刘裕就是生活在乱世之中的一个普通人，然而这个普通人却通过自己的努力登上了皇位。他所建立的刘宋政权，虽不像西汉那样强盛绵长，可也在纷争之世铸就了一段辉煌。

公元420年～公元589年
//////////动荡南北朝//////////
刘裕灭东晋建宋

穷苦出身，军营发迹

刘裕生于丹徒县京口（今江苏镇江），与汉高祖刘邦有远亲，是刘邦的弟弟刘交的后代，先祖世代为官，不过渐渐失了势。刘裕的父亲刘翘青年时是郡中的功曹，专职抄写文书，职位很低，俸禄不高，因此家境艰难。刘裕的母亲在他出生后就死了，刘翘没钱抚养他，就想抛弃他。幸好刘裕的姨母，即同郡刘怀敬的母亲听说了此事，忙赶过来阻拦，并把刘裕接到家中，用自己的乳汁喂养他。刘裕的小名因此叫"寄奴"。

不久，刘翘又迎娶了一位大家闺秀萧文寿，她的祖父萧亮曾任御史，父亲萧卓曾任

洮阳县令。然而萧文寿没有一丝骄矜之气。她成亲后，很快说服丈夫将刘裕接回家中，并真心实意地关爱这个身世凄凉的孩子。

长大后的刘裕气度不凡，而且他勤奉继母，因孝顺闻名于世。由于家中贫穷，他没受过什么教育，也没什么靠山，因此他就在集市上卖草席养家。他也曾耕田务农，伐薪砍柴，还因欠过别人赌债被人捆打，可以说吃尽了苦头，历尽了人世沧桑。

刘裕不是一个向困难妥协的懦弱之人，他有勇气，而且很聪明。后来，他投身军营，军事生涯让他有了刚强的意志。他多次立下大功，逐渐从不知名的小卒升到大将军之职。由于出身寒微，他很理解百姓的苦难，因此他任大将军时，以身作则，军纪严明，深得民心。

复晋有功，大权在握

东晋安帝年间，以桓玄为领袖的地方割据势力大肆扩张。桓玄野心极大，妄图称帝，相继将其他割据势力吞并，拥有了长江中游以西的大片地区，后来又挥军向东，攻下了晋都建康（今江苏南京）。之后，桓玄废黜了晋安帝司马德宗，自己称帝，国号为楚，并改元永始。

然而，桓玄称帝后倒行逆施，放纵欲望，贪图享乐，不理政事，法令无常，还大兴土木，使得国家混乱，社会动荡。朝中官员、仁人志士本还希望他能够有所作为，但结果还是让人大失所望。

◀宋武帝刘裕像
南朝刘宋政权的建立者，曾为东晋将领，率军灭南燕、后秦，于420年代晋自立，登基称帝。

〉〉〉敦煌太守李暠所建立的地方政权西凉被北凉所灭。

▲（南北朝）步摇冠
辽宁北票西官营子北燕冯素弗墓出土。

而这时吴地发生了饥荒，朝野人心不安，怨气冲天，全国一片萧条之景。于是，刘裕在此期间笼络各地豪强，壮大自身实力。不久，刘裕觉得时机成熟，就同何无忌等人兴兵反楚。他领兵至军事要地京口（今江苏镇江），向建康进发，一举破城，歼灭了桓氏宗族，恢复了晋朝的统治。晋安帝司马德宗归建康，封赏平乱功臣。刘裕理所当然是大功臣，安帝命他都督扬、荆、徐等州军事。

几年后，南燕的慕容超多次侵犯东晋的淮北，杀了诸多官员，还掠夺民财，百姓苦不堪言。为了提升自己的威望，刘裕请求出兵伐南燕。他领军北上击燕，数月后南燕覆灭。东晋朝廷又令刘裕兼任青、冀两州刺史。

后来，刘裕奉命讨伐在广州反叛的卢循，他亲临阵前监督战事，东晋军心大振，大败卢循之军。

不久朝廷又任命他为扬州刺史、录尚书事，刘裕从而控制了东晋政权。

灭晋建宋，成就帝业

刘裕此时大权在握，风光无限，他再也不安于做晋朝的臣子，而想取代无能怯弱的晋安帝。然而安帝虽无功但也无过，刘裕找不出理由起兵。不久，不愿再等的刘裕竟然把心一横，让人潜入宫里勒死了安帝，之后他立安帝的弟弟司马德文为帝，是为晋恭帝。这样做，不过是想在夺位良机出现之前掩人耳目罢了。

一年后，刘裕指使中书令傅亮去劝说恭帝逊位。恭帝对刘裕的心意早已心知肚明，他也不想再当傀儡了，于是下诏退位，让刘裕继任。

420年，刘裕率群臣祭告天地，登上太极殿，建立刘宋政权，史称宋武帝，改元永初。至此，统治江东一百多年的东晋王朝灭亡了。此后一百六十年间，南方先后经历了宋、齐、梁、陈四个朝代，历史上总称为南朝。

刘裕作为南朝第一个朝代的开国之君，仍坚持勤俭。他着力消除魏晋时遗留下来的奢靡之风，不准装饰皇室驾乘，外出时不要仪仗队，后宫不奏乐取乐，内府也不存任何财宝。他得知琥珀能够治疗伤痛，就让人把臣下送的琥珀枕打碎发给将士。退朝后，他就脱掉皇袍，穿上粗衣，脚穿连齿木屐。女儿嫁人时，他也从简办理，没有赐什么绫罗绸缎、金银财宝。他还在宫中挂了自己小时候用过的农具、穿过的破棉衣等物，以此教育后代不要浪费。刘裕自己节约，也在朝廷上下力倡节俭。此后，刘裕采取一系列政策来整治国家，使宋朝初年出现了政通人和的局面。

公元420年~公元589年

//////////动荡南北朝//////////

萧道成定鼎建萧齐

历史上总有一些惊人的巧合：传说刘裕是刘邦之弟楚元王刘交的子孙，而后来取代了刘宋政权的萧道成则是刘邦重臣萧何的嫡传后代。萧道成建国之后，鉴于刘宋王朝覆灭的教训，相应地采取了一些应对措施，以宽厚为本，提倡节俭。不过，他仅在位四年就去世了。

平叛有功，身为"四贵"

萧道成，字绍伯，乳名斗将，兰陵（今山东枣庄峄城东）人，东晋初年其先祖迁到侨郡兰陵（今江苏镇江东南）。萧道成的父亲是萧承之，萧承之在刘宋朝廷中担任过济南太守、龙骧将军、右将军等职。

萧道成十三岁时师从名儒雷次宗，十五岁时因骁勇善战而受到宋文帝的赏识。后来，他因战功赫赫，不断受到提拔、重用，终于当上了武烈将军。宋明帝登上皇位后，不行善政，性嗜虐杀，将恩人刘休仁与刘休佑都杀害后，他又开始疑忌其他的王室贵戚，大挥屠刀。因此，掌权者内部的斗争越来越厉害。

宋明帝也开始怀疑萧道成，此时的萧道成早已名声在外，官位显赫，被明帝怀疑是必然之事。不过萧道成处事谨慎，又善于伪饰，因此没有引祸上身，逃过了灾祸。后来，宋明帝因病去世，皇位由他年仅十岁的儿子刘昱继承，是为宋后废帝，改元元徽。

消息传出后，桂阳王刘休范兴兵叛乱，想要逼刘昱退位，自己登基称帝。平南将军萧道成假装投降于刘休范，并渐渐得到了刘休范的信任，后来他趁机将刘休范杀死，平定了叛乱。朝廷加封萧道成为中领军，让他掌管禁卫军，监察五州军事。萧道成同袁粲、褚渊、刘秉三位大臣被合称为"四贵"。他们共同执掌朝政，权力无人可比。

刘昱暴虐，萧道成大怒

然而，刘昱长大后，喜怒无常，爱好杀罚，谁触怒了他，他就杀谁。坐车出去时，在街上遇见行人就拿矛来刺，使得白天里各家家门紧闭，路上也没有人行走。他骄纵横暴，弄得朝廷官员及侍从整日惶恐惊惧，连饮食休息都不得安稳。

皇太后也无法忍受刘昱的行为，数次训诫他，刘昱因此十分恼恨。端午节时，太后按例给了他一把羽扇。他嫌扇子不华丽，加上烦太后唠叨，竟命太医用药毒死太后。他的亲信劝他说："陛下万不可如此，太后要是出了什么事，陛下就得守灵服丧，不能再任意游玩了！"刘昱觉得他说得有理，就打消了这个念头。

一天，他不让人通报就进入了领军府。那时天气酷热难耐，萧道成正光着上身躺在床上睡觉。刘昱觉得萧道成的肚子又肥又大，非常好玩，就让人在上面画了标的，之后拉弓要射。萧道成吓得

▲齐高帝萧道成像

连忙说："老臣无罪！"刘昱的侍从王天恩也阻止他说："萧将军的肚子大，确实是个好靶子，可若一箭把将军射死了，那就扫兴了，还是用草箭好，射不死，想射几回就射几回。"刘昱觉得也是，就换了草箭，开弓就射中了萧道成的肚脐，众人都赞他箭法好，刘昱哈哈大笑，起身离开。

萧道成怒火冲天，于是私下联系别的朝臣，共谋杀死刘昱。可他还没开始行动，后废帝就一命呜呼了。原来，刘昱在七夕外出喝得大醉，命有个叫杨玉夫的侍卫看见织女、牛郎相会就向他报告，否则便要杀他。杨玉夫寝食难安，最后决定铤而走险，就与其他侍卫在晚上将烂醉如

▶齐宣帝萧承之永安陵天禄
天禄又称天鹿，是古代传说中的神兽，常用做帝陵的石刻。

泥的刘昱杀了。之后，禁卫军统领和杨玉夫提着刘昱的人头来找萧道成，商议后事。萧道成入宫后，与太后经过一番密谈，决定立宋明帝的第三子刘准为帝，是为宋顺帝。

扫除异己，夺得帝位

刘准不过九岁，太后怕萧道成图谋不轨，为了拉拢他，就任命他为司空、骠骑大将军等，萧道成一跃成为"四贵"之首。他位高权重，使得朝中的一些大臣心中不平，尤其是沈攸之和袁粲。时任荆州刺史的沈攸之不久就举兵讨伐萧道成，而袁粲、刘秉等人则在朝中接应。萧道成对此早有防备，他让心腹之人领军包围了叛军，叛军力战不能突围，沈攸之无奈自杀，袁粲父子也被萧道成的手下杀死。之后，萧道成完全掌握了宋国大权。

479年，萧道成迫使刘准逊位于他，刘准不敢违拗，就下诏书让出皇位，刘宋王朝就此结束。萧道成荣登帝位，改宋为齐，年号建元，是为齐高帝。

◎看世界／新罗始定国号为"新罗"　　　◎时间／503年　　　◎关键词／国主称"王"

梁武帝萧衍是中国历史上著名的和尚皇帝，他博学能文，长于诗赋，精通音律，还擅长书法。萧衍曾在齐时任雍州刺史，镇守襄阳，而后乘齐内乱，起兵夺取了帝位，建立了梁朝。后来，萧衍沉迷于佛学，无心朝政，曾三次舍身同泰寺，最终使梁朝灭亡。

公元420年~公元589年
/////////动荡南北朝/////////
和尚皇帝萧衍

融等人合称"竟陵八友"，是当时的著名人物。沈约是后来《宋书》《齐纪》等书的作者，谢朓则为著名诗人。萧衍极爱学习，手不辍卷，后来他身居皇位，事务繁多，可夜晚仍在灯下苦读。他写过《通史》六百余卷；还自己草书朝廷的诏诰、赞、序等公文，共有一百二十卷之多；他还改写"百家谱"，重用士族。历史上像萧衍这样勤于学习的君主很少见。

文武双全，博学多才

萧衍，字叔达，南兰陵（今江苏丹阳）人。他与齐朝的萧氏同族，其父萧顺之为齐高帝族弟，曾帮族兄萧道成夺取了刘宋的江山，担任过侍中、卫尉等大官，很威风。他的生母张尚柔是西晋文学家张华的后代，学识渊博。在母亲的教育下，萧衍所学甚广，经史百家、诗书棋画、观星测月、骑射击斗，莫不通晓。

萧衍博学多才，而在文学上更有禀赋，初入官场就让竟陵王萧子良赞叹不已。此后他就常去萧子良在西州鸡笼山建的别墅西邸，与在此的文人相会交游。萧衍与经常来此的沈约、谢朓、范云、王

击退北魏，受到重用

萧衍因自己的家族关系，初入官场就在卫将军王俭的手下谋事。他才华出众，举止不凡，王俭很看重他，升他为户曹属官，后又被升任为随王的参军。他又与骁骑将军萧鸾关系甚密，常为其出谋划策。

齐武帝之后登基的新皇帝萧昭业不管政事，只顾玩耍享受，大臣怎么劝他都无济于事。于是，手握大权的萧鸾就将萧昭业废黜了，拥立新安郡王萧昭文即位。三个月后，又废萧昭文，自己登上帝位，是为齐明帝。

萧鸾当了皇帝后，想着萧衍出谋划策的功劳，就提拔他任中书侍郎，不久又升

▶梁武帝萧衍像

>>>刘宋名将檀道济被冤杀。檀道济曾随刘裕起兵开创刘宋基业，后辅佐宋文帝，屡建奇功。

▲（北朝）千佛碑

▲（北燕）镏金木芯马镫

辽宁省博物馆藏。木芯为桑木条揉成，外面包钉一层镏金铜片。马镫是中国人在3世纪前后发明的，此前人们骑马无镫，虽可纵身上下马，但奔跑和作战时极为不便。这副为唯一有绝对年代可考的完整马镫，墓葬年代为415年。

他为黄门侍郎。从此，萧衍地位日益显赫。

萧鸾刚刚坐上龙椅，北魏孝文帝就率大军攻打齐朝，萧鸾发出主力兵马迎敌，又让萧衍及平北将军王广之带兵支援前方。萧衍率军勇战，逼退了北魏人马。明帝将他升为太子中庶子。

497年，北魏再次挥兵南下，进击雍州。

翌年，北魏打败了萧衍和崔慧景带领的齐军。不过，齐明帝并未怪罪萧衍，还让他当雍州刺史，管理雍州军政事务。萧衍的势力由此增强，为以后争夺皇位打下了基础。

工于心计，灭齐建梁

萧鸾当了五年皇帝就因病去世了，他的儿子萧宝卷继任，这就是历史上著名的东昏侯。

萧宝卷施政无术，暴虐无能，初为帝就滥杀无辜，诸多功臣遭难。萧衍十分不满，渐渐同东昏侯形成水火之势，私下同部众商议废了东昏侯，众人都表示支持。为了找借口出兵，他拥立时为南康王的萧宝融为帝，并积极联络朝中要臣。

萧宝卷抵不住内外夹攻，被萧衍废黜。萧衍为萧宝融登基立了大功，被加升为大司马，因此获得了更大的权力。

萧衍执掌了齐国大权，心中有自立为帝的想法，可他并没有急于行动，而是耐心等待良机。挚友范云与沈约都劝说他登基，他们还与众大臣一同逼萧宝融让位。

萧衍起初不断推辞，萧宝融的禅让诏书拿过来后他又佯装推托。后来众臣一齐恳请他赶快称帝，他才同意了。

502年春，萧衍称帝，改齐为梁，是为梁武帝。

和尚皇帝，舍身事佛

梁武帝早年还有些作为，可他后来笃信佛教，成了一个虔诚的佛教徒。他严遵不杀生之戒，不让宰杀牲畜，不吃荤腥，每日以粗饭为食，即使是祭祀和宴会也规定不能用肉类。他禁欲而不与后宫妃子共寝，连床上的被褥都十分粗糙，并且要用很久。他穿麻衣粗布，也不让嫔妃穿华丽的衣服。

他不饮酒，也不享受音乐等娱乐，每日五更就起床理政，以显示自己辛勤治国。即便是寒冷的冬日，手上生了冻疮他也不在意。不过，他只是节省自己的生活用度，在修建佛寺礼敬佛祖时却十分铺张，小小的建康城内就有五百座佛寺，每个寺中都养着大量僧人。另外还有塑像、燃香、诵经等方面的开支，花费极大。

受皇帝尊佛、敬佛的影响，梁朝的百姓大量出家，建康城的僧人数目高达十多万，这些僧众享有国家规定的特殊待遇。在梁武帝的引领下，贵室公卿纷纷效仿，他们也造佛寺，有的索性搬出自己的宅子，用宅子做佛寺，有的施舍大量钱财给佛寺，祈求福报。

梁武帝沉迷于佛教不能自拔。他想永远礼侍佛祖，在位期间，先后三次舍位入皇家寺庙同泰寺为僧。第一次，梁武帝断绝凡心，想舍皇位入寺为僧，三日后返还。两年后，他又弃身入寺，住了十几天，臣子们久久恳求，花了一亿钱才将他赎了出来。后来，梁武帝再次入寺礼侍佛祖，臣子们接连三次请他回宫，他仍然无动于衷。最后，大臣们无奈，不得不再凑一亿钱将他赎回。

梁武帝晚年昏聩无道，接受了东魏大将侯景的降服，后来侯景反叛，领兵攻击建康。侯景把梁武帝囚禁起来，吩咐手下人不准给他饭吃。最后，八十五岁的梁武帝被活活地饿死了。

梁武帝因崇奉佛教荒废朝政，花大量的财富修佛寺、供养众多僧侣，还免去他们的赋税。这样一来，赋税重担压在了百姓身上，引得百姓怨声载道，终于使国家失去了稳定和团结。

▼南京鸡鸣寺

位于南京鸡笼山东麓山阜上。南朝梁普通八年（527），梁武帝在此兴建同泰寺，此后经常到寺里说法讲经，听众逾万，该寺逐渐成为佛教圣地。明代洪武年间，寺院重建，更名为鸡鸣寺。

〉〉〉文学家刘义庆去世。其代表作《世说新语》是记载轶闻趣事的笔记小说的先驱，其中许多故事至今仍脍炙人口。

◎看世界／拜占庭修筑色雷斯长城　　◎时间／507年　　◎关键词／抵御东哥特人

忠义之人自古以来都会受到世人的敬仰，但南朝时的侯景却三易其主，且每次都以反叛结束，从而留下了千载恶名。侯景生性残暴，投降梁朝后阴谋反叛，制造了"侯景之乱"，使江南地区的百姓饱受蹂躏。最终，同历史上的许多暴君一样，侯景死于自己的部下之手。

公元420年～公元589年
//////////动荡南北朝//////////
侯景祸乱江南

小人得志，先后易主

侯景字万景，北魏时生于边境的怀朔镇（今内蒙古固阳南），这个地方很不太平，经常发生战争。在这种环境下长大的他自小就十分勇猛，喜欢争斗，乡亲们都很怕他。他长于骑马射猎，功夫十分了得，那时北魏边界发生六镇起义，侯景就召集了一群混混投到极有权势的北魏大将尔朱荣手下，做了个小军官。不久，侯景抓到农民起义首领葛荣，立下了功劳，尔朱荣就让他做定州刺史。尔朱荣因专权被皇帝消灭后，侯景马上调转方向，投靠另一权臣高欢。高欢提拔他为吏部尚书，不久又封其为濮阳郡公。

后来，因看不惯高欢的专横无忌，北魏孝武帝元修到长安封宇文泰为大将军、雍州刺史兼尚书令。高欢大怒，立即拥护清河王世子元善见登上帝位。北魏朝廷就此一分为二：宇文泰杀孝武帝，立文帝，建西魏；高欢则另立孝静帝元善见，建东魏。

高欢自封为东魏丞相，将军事实力集中于河北，以抗击西方的宇文泰。他命侯景率万人防御黄河之南的地方。侯景横扫敌军，相继将西魏的名将贺拔胜、独孤信等打败，而且拿下了南梁的楚州。立下如此功劳之后，高欢对他更加倚重，封其为尚书仆射、河南道大行台。

▲（北魏）释迦牟尼佛像
首都博物馆藏。通体镀金，佛头上肉髻大而光滑，面形长圆而饱满。佛像身披袈裟，衣质有厚重感，边角下垂成三角形垂幔，下座失。

屡当叛将，反复无常

后来，高欢病重，他不放心侯景，就让其子高澄下令召侯景回京。侯景明白自己一旦远离驻地与军队，就会失去一切，于是就违抗命令不动身回京，还图谋反叛。高欢死后，侯景就心急火燎地投靠西魏去了。西魏的丞相宇文泰不相信他的

诚心，不过还是接纳了他的献地，并让他到长安朝见，准备在长安解除他的军权。侯景并不愚蠢，他猜透了宇文泰的心思，所以没有去长安而转投南梁。

梁武帝年老糊涂，不顾朝中众臣的一致反对，固执地接纳了侯景，还重用他为大将军和河南王，随后遣萧渊明领兵前往支援。东魏名将慕容绍宗带兵在路上进攻南梁军队，梁军息战已久，人心散乱，被东魏军打得落花流水，萧渊明也被俘虏。慕容绍宗接着去打侯景，侯景惨败，只带数骑逃至寿阳。

东魏同南梁素来没有嫌隙，现在不想再得罪南梁，于是打算派使者去讲和，表示愿意放回萧渊明。侯景得知此信，心中很不安，他让人扮成东魏使者送伪书给梁武帝，说可以用侯景换萧渊明，以此来试探梁武帝。昏聩的梁武帝不辨真假，同意了。侯景大怒，即刻兴兵反梁。

乱臣贼子，攻占建康

侯景图谋反叛之时也找好了内应，即梁朝的临贺王萧正德。萧正德是梁武帝的养子，梁武帝即位后立其子萧统为太子，萧正德由此怀恨不已。侯景应承他说成功后立他为帝，萧正德就与他内外联合，发动兵变。

得知侯景进军建康，梁武帝满不在乎，他笑

◀（东魏）萨满教巫师彩陶俑

言："他能做什么大事？看我用鞭子狠抽他一顿！"之后派出兵将平叛。梁朝已经许多年没有动过兵了，带军的将领随武帝整日拜佛烧香，早就疏于战事。梁军军心涣散，软弱无力，而侯景手下将士个个如狼似虎。因此，侯景带军所向披靡，梁军如同惊乱的群羊，毫无抵抗力。

后来，侯景将梁朝皇宫所在地台城重重包围，城里的士兵和百姓全力抗击，双方对峙了四个多月。梁武帝日夜等待各地诸王的军队前来救援，可他们虽来了，却都作壁上观，想坐收渔翁之利。

暴徒横虐，祸乱江南

不久，台城落入侯景之手，梁武帝萧衍和太子萧纲被俘虏。时梁武帝年过八旬，侯景懒于对他动刀，只是不给饭吃，终于把这个曾经叱咤风云的皇帝活活饿死。在完全占领了建康以后，侯景暴露出了他凶残的本性，竟下了屠城令，数不清的百姓死在乱刀之下。从东吴始，已经营三百多年的建康一下子沦为荒城，繁华散尽，"千里绝烟，人迹罕见，白骨成聚，如丘陇焉"——侯景实在罪大恶极。

之后，侯景于551年称帝。翌年，梁将王僧辩和陈霸先领兵进攻侯景，侯景气数已尽，连忙逃跑。他的属下羊鲲趁他熟睡的时候，将其杀死，结束了这个凶狠暴戾的刽子手罪恶的一生。

〉〉〉崔浩因与北魏鲜卑贵族发生矛盾，太武帝以修史暴露"国恶"之罪将崔浩诛杀。

◎看世界／《萨利克法典》编成　　◎时间／511年　　◎关键词／古老习惯法

侯景之乱祸害了江南百姓，同时也为雄心勃勃的武将陈霸先提供了实现梦想的良机。陈霸先先是平定了侯景之乱，之后又顺应民心讨伐王僧辩，在抵抗北齐的两次进犯时又立下了赫赫战功，因此被加封为陈公，后又被封为陈王。此后，他逐渐掌握了军政大权。557年，陈霸先登基称帝，开创了南朝的最后一朝——陈。

公元420年~公元589年
////////动荡南北朝////////
陈霸先代梁建陈

谋略有加，志向高远

陈霸先，字兴国，吴兴长城（今浙江长兴）人，是南梁的名将。陈霸先的祖先是渡过长江

来到南方的移民，他家境贫寒，生活艰难，可志向远大。他自小爱看兵书，武艺超群，长大后为了能够有所建树，决意入伍。

起初，陈霸先在广州刺史萧映属下当差，任中直兵参军，没多久又被任命为西江督护、高要太守。后来，新州刺史卢子雄平定叛乱遭遇失败，朝廷要将他斩首。卢子雄之子及下属部将对此不满，就兴兵谋乱，进军广州。陈霸先带几千军马反击，将其歼灭。这场胜仗让陈霸先威名远扬，梁武帝也十分欣赏他，任命他为直阁将军，封号新安子。

讨伐侯景，平叛有功

侯景叛军包围建康时，梁朝朝夕不保，梁武帝敦促广州刺史萧勃出兵救难。这时，萧映已经病逝，继任者萧勃尽管是皇室宗族，可并不与武帝同心。他想再等几天，到建康的兵事差不多结束时再过去坐收渔翁之利。因此，陈霸先多次向他请求发兵，他都没有答应。陈霸先不知该打还是该留，正在犹豫之际，一个名叫侯安都的人站出来鼓励他发兵勤王。侯安都当地有钱有势，很有雄心，他看准了陈霸先非等闲之辈，将政治赌注押在了他身上，出财出力给陈霸先募集人马，支持

◀（北齐）陶牛

他北进建康。陈霸先得此支持后，很快发兵赶往建康。翌年春，陈霸先率精兵三万同梁朝将军王僧辩会师，共谋击讨侯景。

侯景攻下建康后滥杀无辜，百姓们恨不得生食其肉，在得知两路军队前来攻伐侯景后，无不欣喜。最后两军联合大破乱军，侯景被彻底打垮，逃命路上被手下所杀。平定了侯景之乱，湘东王萧绎就于江陵登上帝位，是为梁元帝。陈霸先伐贼立功，被任命为征虏将军、开府仪同三司、司空，领扬州刺史，驻扎京口（今江苏镇江），王僧辩则驻守建康。

诛杀异党，击退齐军

不久，西魏乘隙进兵，攻破了梁都江陵，王僧辩未能及时赶去救难，梁元帝遇害。陈霸先同王僧辩商议后，拥立梁元帝的第九个儿子萧方智在建康登基，是为梁敬帝。此时，梁朝因为争战过多，社会动荡不安，已取代东魏的北齐趁此机会遣兵送回俘虏萧渊明，逼王僧辩将萧渊明立为皇帝，建立傀儡政权，以扩大自己的势力。王僧辩慑于北齐的威势，同意了，他将梁敬帝废掉，接回了萧渊明。这个卖国之举大大损害了王僧辩的名声，他此前平乱的功劳顿失光彩。陈霸先同部属共议讨伐王僧辩，其后率军由京口出战，直逼建康。丧失民心的王僧辩不久就兵败身亡。之后，陈霸先拥

▲（南北朝）步摇

梁敬帝复位，自任为大都督，管理军事。此后不到两年的时间里，陈霸先相继抵挡住了北齐的两次侵犯，被加封为陈公，后又被封为陈王。

建立陈朝，重整河山

当时，梁朝一片混乱，梁敬帝也是一个平庸无能的皇帝。面对千疮百孔的局面，他无力修补，于是准备让贤。

557年，梁敬帝退位，陈霸先登基称帝，梁朝就此结束，而南朝的最后一个朝代陈朝就此建立。陈霸先当了皇帝以后，采取一系列恢复国家秩序的措施，他自敛宽宥，仁爱为本，宽松行法，体恤民情；大力发展长江流域的经济，最终使长江流域成为繁华之地，为岭南和东南沿海地区经济的发展奠定了根基。

陈霸先为帝三年，广用贤能，清正廉明，使江南的社会局势渐渐稳定了下来。后人对陈霸先的功劳和地位给予了高度肯定，赞他"江左诸帝最为贤"。

▶折叠桥
这是一种攻城过护城河的器械，攻城时，如果壕沟宽阔，即用折叠桥，将两座壕桥相接以补足长度。折叠桥由转关（销轴）和辘轳（绞车）两大部组成，转关用于连接桥面，辘轳是用于控制补足桥面的俯仰度。

◎看世界／东罗马皇帝查士丁一世取消"教义调和方案" ◎时间／518年 ◎关键词／基督教正统派

公元420年～公元589年
//////////动荡南北朝//////////

拓跋珪建魏称帝

淝水之战前，鲜卑族拓跋部曾建立代国。后来，由于遭受前秦的攻击，代国分崩离析，其他最终由前秦统治。淝水之战使前秦国力锐减，拓跋部借机恢复政权。386年，年仅十四岁的拓跋珪被各部酋长拥立为代王。后来，他改国号为"魏"，史称北魏。拓跋珪划地给鲜卑人，让他们定居，进行农耕，还任用汉人为官，使北魏的经济逐渐发展起来。

生于忧患，童年坎坷

拓跋珪是代国昭成帝拓跋什翼犍之孙、献明帝拓跋寔之子，母亲是献明贺皇后。376年，前秦皇帝苻坚攻打代国，拓跋什翼犍失败后逃往漠北，献明贺皇后与拓跋珪向南避难。不久拓跋鲜卑发生内乱，拓跋什翼键被儿子杀死。苻坚灭代后，分代为河东（黄河以东）、河西两部（黄河以西），刘卫辰统率河西部，刘库仁统率河东部。代国遗臣燕凤认为拓跋珪年幼，建议苻坚将其留下，于是献明贺皇后带着拓跋珪留在了黄河以东。

385年，刘库仁之弟刘眷击破贺兰部，刘眷的儿子意图让其父杀掉刘显（库仁之子），刘

眷不听。之后刘显杀刘眷，又想杀掉拓跋珪，拓跋珪听说后赶紧逃走，去投奔舅舅所在的贺兰部，得以暂时栖身。后来，拓跋珪在刘显内乱时回归，献明太后的弟弟染干忌妒拓跋珪得人心，发兵围逼行宫，太后得知后责问，才帮拓跋珪解了围，拓跋珪也因此躲过一劫。

重振雄风，复国建魏

苻坚没多久就被姚苌所杀，昔日强盛的前秦土崩瓦解，四分五裂，刚刚统一的中国北方再次陷入纷乱之中。

不过，这种局面对于拓跋珪来说，正好是一个扩大实力的大好机会。他返回代国旧地后，众多部族首领都相继投靠他。拓跋珪的实力逐步增长。

386年，鲜卑各部族再次联合起来，召开大会，一致拥护拓跋珪为代王。没过多久，拓跋珪就将国号改为"魏"，自称魏王，将都城定在盛乐，史称北魏。

北魏刚建立就遇到了很大的麻烦，拓跋珪叔父窟咄与独孤部首领勾结，带领军队攻占了北魏的属地。北魏举国惊恐，有的部族首领因为信心不足，就想

◀（北朝）青釉仰覆莲花壶
青釉是我国最早的釉色，主要以铁为着色剂，以氧化钙为助熔剂，在还原气氛中烧成。

◎看世界／波斯与东罗马帝国之战又起　　◎时间／524年　　◎关键词／持续7年

要反叛。拓跋珪果断决策，带领真心跟随自己的部众躲开独孤军队，快速地转到了贺兰部，积极备战，同时向后燕求助。

不久，后燕慕容垂出于自身利益的考量，决定支援拓跋珪。后来，拓跋珪将窟咄打败，窟咄在逃跑时被杀死。不久，拓跋珪又乘独孤部内乱，伙同燕军击败了独孤部。

经过多次征战，拓跋珪消除了北魏的外患，国内渐渐稳定了下来，经济也得以发展。

391年冬，鲜卑族的宿敌铁弗部再次攻打鲜卑族，拓跋珪仅带数千人勇猛迎战。尽管在兵力上处于弱势，可他镇定自若，指挥有序，步步为营，后来竟然取得了胜利，并一路追赶敌军，攻占了敌军的根据地，占领了整个河套地区。

◀（北魏）陶天竺人俑

北魏时期，甘肃地区与天竺的交往日趋增多。这件陶俑直鼻深目，穿长靴，是一个天竺人的形象。

▼犬马纹铜饰牌

辽宁西丰西岔沟匈奴墓出土。上面透雕犬马相逐的图像，展现出一幅草原上犬马逐戏的动人画面。

铲除祸患，消灭后燕

在北魏扩张的过程中，后燕给予了很大的帮助。后燕以为自己对北魏施恩甚多，就经常抢夺北魏的人口和战利品，有时还对北魏的事务指手画脚，一再插手北魏的国事军事。

拓跋珪心中很不平，不过他也知道，自己的国家内部战争此起彼伏，暂时分不出精力来解决这些矛盾，只能等待时机。而后燕也早就起了吞并北魏之心，只是还没有把对手西燕消灭，因此也不得不将灭魏之事延后。

395年，后燕将西燕灭了，而北魏经过争战也站稳了脚跟，现在双方都腾出了手，有空来解决彼此间的恩怨了，战争一触即发。很快，慕容垂令儿子慕容宝领精兵进攻北魏。拓跋珪采纳了属下的建议，没有从正面与强大的后燕军队对峙，而是攻击后燕大军的边翼和后方，截断了他们的归路。慕容宝的军事才能和政治头脑远远比不上其父，他依仗自己兵力强大，不把北魏军队放在眼里，打赢了几仗后，更是骄傲轻敌。

转眼间到了冬天，双方仍相持不下。慕容宝尽管据有黄河沿岸，可他迫不及待地想要回国，致使军队后方防备松懈。拓跋珪看准机会，在参

▲（北魏）镏金铜坐佛
通体镏金。佛像高肉髻，额发螺旋，身着
袈裟，袒右肩，衣纹细密，右手扬起，左
手握衣襟，结跏趺坐于束腰须弥座上。

合坡一举将后燕军队打败。慕容垂病逝后，他的几个儿子都想继承皇位，相互之间斗得难分难解。拓跋珪就于此时进攻后燕，将其消灭，扩展了北魏的疆域。

平城称帝，暴虐早亡

398年，拓跋珪迁都平城，正式称帝。他任用汉人中的有才之士协助治国，广泛学习汉族的优秀文化，使鲜卑族渐渐汉化。在国家典制方面，他也以汉人的典制为依据，公布法律和禁令，划分行政区域，制定军事制度，使得北魏大小事务井井有条，经济得到了很大发展，北魏一度繁荣兴旺，国安民乐。

然而，拓跋珪执政后期变得十分暴躁残酷，而且疑心越来越重，动辄杀人。409年，拓跋珪于寝宫中被儿子拓跋绍所杀，时年三十八岁，谥号道武皇帝，庙号太祖。

北魏是南北朝时期游牧民族在中原地区建立的重要政权。拓跋珪为北魏的建立立下了汗马功劳，不过他晚年残暴无德，丧失人心，终于命丧在儿子手中，实在令人叹息。

◎看世界／日本筑紫国发动叛乱　　　　◎时间／527年　　　　◎关键词／磐井　失败

386年，拓跋珪建立了北朝的第一个王朝——北魏。后来，又经过多年的东征西讨，北魏在太武帝拓跋焘的引领下逐渐统一了黄河流域，结束了中原长达一百多年的混战局面，也为社会经济的发展创造了较为安定的环境。

公元420年～公元589年
////////动荡南北朝////////
北魏统一北方

拓跋珪的整治措施

拓跋珪于平城正式称帝后，为了稳固新建的国家，在国内实施了相应的措施。

他大量吸纳汉族的优秀文化，令鲜卑人"分土定居"，使鲜卑部落的经济由牧猎渐变为农耕。他还把分散流动的人口编入户籍，鼓励他们发展农业，督促他们从事农桑种植，并减轻他们的租税。另一方面，他兴办教育，推崇儒家文化，重视人才，任用汉族的有才之士。此外，北魏政权还采用了封建制度，尽管并不彻底，可相对于鲜卑族原有的制度来说却有了质的进步。

上述措施使北魏渐渐融入了中原社会，促进了鲜卑族同汉族的融合，也使北魏壮大实力、统一北方的进程得以加快。

太武帝文治天下

拓跋珪死于儿子拓跋绍之手后，拓跋绍又死于兄长拓跋嗣之手，拓跋嗣后来登上皇位，即魏

▼（北燕）青铜虎子

北燕时期冯素弗墓随葬品。虎子为古代溺器，通常为伏虎状。此铜虎形态威猛，周身花纹细致入微，是难得的佳作。

明元帝。

422年，魏明元帝趁宋武帝刘裕病逝之机，向宋国发动大规模进攻。魏军相继攻下了黄河南岸的虎牢（今河南荥阳西北）、洛阳、滑台（今河南滑县东）等战略要地，还取得了青州、兖州。魏明元帝去世后，太子拓跋焘即位，是为魏太武帝。

魏太武帝是一个英明的君王。登上皇位后，他继承了前辈的统治方略，继续借鉴汉人的治国思想、成败经验和国家制度。例如，他改革税收制度，按人口分配土地，督促百姓发展农业，促进经济发展；任用大量汉族贤人，整治官场的贪污腐败现象；推崇儒家学说，发展文化教育，提高百姓素质，维护国家稳定，等等。这些政策实施后，北魏日益强盛，逐渐有了统一北方的实力。

北魏稳步前进之时正是十六国的末期，南方的刘宋政权正在崛起。而北方地区的大夏、北凉、西秦、北燕和柔然等政权并立，彼此间征战不断，并时常骚扰北魏的边境，这迫使拓跋焘开始考虑消灭它们。

大夏国君主赫连勃勃去世后，拓跋焘经过慎重考虑，准备先进攻夏国。夏国是匈奴铁弗部所建的政权，铁弗部与拓跋氏素来为敌，赫连勃勃称帝后为政暴虐，使得人心尽失。现在赫连勃勃的几个儿子正在内斗，朝廷动荡，北魏选择先攻打夏国，的确是一个英明之举。

太武帝统一北方

很快，拓跋焘分两路进兵攻打夏国。他亲率军队进攻夏国国都统万城，数次强攻未果，只得班师回朝，撤走时抢走了十万多头牛马，还将统万城周围的数万居民迁回国内。

不久，赫连勃勃的儿子赫连昌为了报复北魏，发兵袭击长安。拓跋焘调兵遣将，一边增派军队支援长安，一边调集兵力大举进击统万城。赫连昌见北魏军势凌厉，料想无法抵挡，就闭城不出，等候进攻长安的赫连定回军救援。赫连昌心中暗自盘算：统万城易守而难攻，自己坚守不出，以消磨北魏军队的士气，待赫连定回军来到，再内外夹击，北魏必定不敌。

拓跋焘深通韬略，猜到了赫连昌的意图，他将计就计。他命魏军假装后退，迷惑夏军，让他们认为魏军久战疲乏，不能再战，从而出城攻击魏军。他还令兵士假装向夏军投降，在夏军中散播魏军粮草不足、士气低落的传言。赫连昌果然中计，他开了城门，带着三万兵马同魏军交战。拓跋焘亲自指挥，夏军根本无力抵抗。北魏军队大破夏军，拿下了

▲（北魏）弥勒佛像

▶（北魏）漆器画

将漆涂在各种器物的表面，制成的日常器具及工艺品、美术品等，一般称为"漆器"。漆器是古代人们日常生活中应用十分广泛的物品。

◀（北魏）弹奏琵琶乐俑

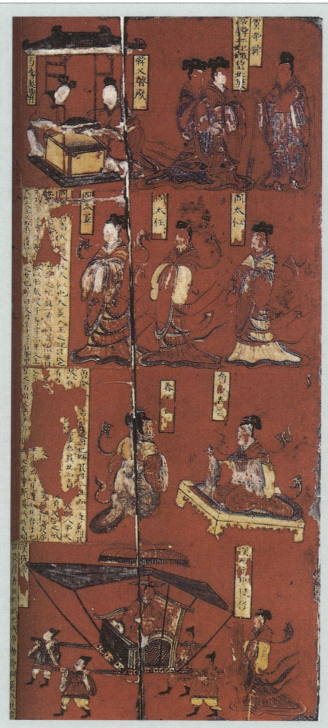

统万城。拓跋焘俘虏了夏王、公、卿、将、校和后妃、宫人等几万人，并得到了三十多万匹战马和大量牛羊，得胜而归。

消灭夏国后，拓跋焘又进击北燕，魏军包围了北燕国都，北燕很快灭亡。接着，太武帝征讨北凉，将北凉国都姑臧（今甘肃武威）包围，没多久北凉就覆灭了。

在拓跋焘的努力下，经历了一百多年分裂割据的北方地区终于再次获得统一，开始进入北朝时期。拓跋焘完全统一北方的439年，往往被视为北朝的起始之年。从此，北魏同南方刘宋朝廷共存，南北相持的局面正式开始。

北方再次统一，北魏的国内形势渐趋稳定，农业、经济、文化也获得了较大的发展，为不同民族之间的交流和融合提供了便利。

◎看世界／东罗马进攻东哥特　　◎时间／535年　　◎关键词／出兵意大利

洛阳被称为"九朝古都"，其中一朝就是北魏。北魏的都城最初并不在洛阳，而在平城（今山西大同）。平城气候寒冷，位置偏北，为了更多地接受汉族文化，消除鲜卑族与汉族之间的隔阂，巩固北魏政权，孝文帝决定把都城从平城迁到洛阳。这件事引起了极大的震动，许多鲜卑贵族坚决反对迁都。几经周折，孝文帝终于把都城迁到了洛阳。

公元420年~公元589年
/////////动荡南北朝/////////
北魏迁都洛阳城

我国北方的政治、经济、文化中心。

平城曾在北魏统一北方、进军中原的过程中发挥了重要的作用。但是这里气候寒冷，土壤贫瘠，没有河运航道，交通极为不便。加上地处偏远，信息闭塞，使北魏对于中原各地的起义和变动根本无暇顾及。更重要的是，此时北魏向南发展，因此，随着北魏的不断发展，平城已经越来越不适合作为都城了。考虑到这些因素，孝文帝决心迁都洛阳，这对于推行汉化政策也是极为有利的。然而，迁都之路并不平坦。几十年来，北魏统治者曾多次想要迁都，均遭到大臣们的坚决反对，因此迁都之事一再搁置。孝文帝也曾为此事反复思考，权衡利弊，最终还是觉得应该从长远考虑，迁都洛阳。但他知道，此事不能直接向大臣们宣告，而应该另想他法。

推行汉化，蓄志迁都

冯太后去世后，孝文帝开始独掌政权。他处理政务英明决断，已经初显雄韬伟略的帝王之相。为了巩固北魏政权，实现长治久安，也为了日后统一天下，孝文帝决定沿袭冯太后的改革路线，大力推行"鲜卑汉化"的措施。首先被提上议事日程的就是迁都之事。北魏时，平城前后历经道武帝、明元帝、太武帝、文成帝、献文帝、孝文帝六朝，曾是

▶（南北朝）石佛造像
南北朝时期，佛教造像艺术发展迅速。不论是铜铸的造像，还是石制的雕像、泥质的塑像，都把佛的崇高慈祥、菩萨的和善端庄、罗汉的温顺诚恳、天王的威严孔武刻画得活灵活现。

虚张声势，假意南征

493年的一天，孝文帝召集群臣，宣布调集军队、动用全国之力大举南征。这一提议立即遭到了以任城王拓跋澄为首的文武百官的强烈反对。大家都感到疑惑不解，私下里议论纷纷，觉得举全国之力大举南征风险太大，胜算不大，一

▲（北魏）比丘赴会（局部）
此为莫高窟第二百四十三窟壁画，图中比丘驾乘各种灵禽神兽飞往满富国赴会，画面非常华美。

旦失利，无疑会将北魏送上绝路。孝文帝早就料到会如此，所以并不多言。为了营造声势，他还专门请来了掌管宗庙祭祀的太常卿王谌，让他占卜天象，测算南征的吉凶。占卜的结果为"革卦"（"革卦"在《周易》中解释为："汤、武革命，应乎天而顺于人。"）。此卦表明，此次南征是顺应天意之战，必将取得胜利。孝文帝大喜，宣布即刻出兵。此时，议论纷纷的大臣们也都不敢出面劝阻。尚书令任城王拓跋澄不知孝文帝的意图，担心他真的会轻率南征，便毅然站出来坚决反对出兵南征。孝文帝假装很生气，对拓跋澄吼道："我是一国之主，凡事自有我做主，您不要倚老卖老。"拓跋澄忠心爱国，依然义正词严地说："微臣是社稷之臣，不能眼睁睁地看着陛下白白断送了国家的前途。"

过了一会儿，孝文帝慢慢地说："大家都是为了国家的前途考虑，虽然您有顶撞之意，但念在您年迈功高，我也就不计较了。此事到此为止，无需再议。"其他大臣看气氛如此紧张，也都不敢再说什么了。退朝之后，孝文帝单独将拓跋澄留下，语重心长地对他说："刚才我发脾气，目的只是喝退其他想要进言的大臣。其实，这次南征是假，我的本意是要迁都到洛阳，可我知道群臣一定会激烈反对，所以不便对他们直言，只好借南征之名。现在的平城，早已不适合继续做北魏

的都城了。国家要发展，要实现统一大业，必须迁都到富庶的中原地区。我认为，洛阳是最好的选择。"一席话说得拓跋澄转忧为喜，他连连点头，赞成孝文帝迁都。拓跋澄还对孝文帝说："大臣们性格执拗，脾气倔强，但陛下只要下定决心，迁都之事就一定能成。因为迁都洛阳是明智之举，从长远来看，对国家大有裨益。"孝文帝听到此言十分欣慰。

好戏落幕，迁都洛阳

孝文帝首先命令将士在黄河上铺设浮桥，为大军渡河作好准备。一切就绪后，孝文帝于当年秋天率领三十万大军从平城出发，浩浩荡荡地向南方挺进，一同出征的还有朝中众大臣。

大军到达洛阳时，秋雨连绵，道路泥泞不堪，湿滑难走，将士们再也不想继续向南进发了，随行的大臣们也是疲惫不堪。于是，孝文帝命令大军在洛阳驻扎，暂时休整，等雨停后继续前进。几天后，雨停了，可随行的大臣和将士们却根本不想继续南征，大家都努力寻找各种理由和借口，哭丧着脸不愿启程。

这正是孝文帝预料中的情形，他心中窃喜，故意翻身上马，装出要自己一个人孤身南征的架势。大臣们吓得全都跪在马前，请求孝文帝停止南征。孝文帝故作怒状，大声呵斥道："你们这是在阻止我实现统一的大业！"安定王拓跋休、尚书李冲等抱着孝文帝的马，放声痛哭，请求他珍重。

孝文帝见此情景，便不再继续伪装了，趁机对大家说："南征之事早已商定，而且也昭告天下，人尽皆知。如今已经全军出动，倘若半途而废，回去该如何向世人交代？我也知道大家鞍马劳顿，不愿继续南征。可就此打道回府是万万不可的，这岂不是让后代人笑话？既然大军已经到了洛阳，不如就迁都于此吧。此地交通便利，富庶发达，也确实比平城更适合做都城。"说完，孝文帝让大臣们作出抉择，同意迁都的站在一边，不同意的站在另外一边。结果，大部分大臣都表示同意迁都，站在了孝文帝的左边，还有几位老臣坚决反对，所以站在了右边。

这时，南安王拓跋桢赶紧站出来，说停止南征、迁都洛阳是明智之举，大家应该为国家的长远利益考虑。这几位守旧大臣听他分析得很有道理，再加上自己势单力薄，最后也只好同意了迁都之事。第二年（494），北魏将都城正式迁到了洛阳。孝文帝智谋过人，成功地说服了鲜卑守旧大臣，实现了迁都的计划。定都洛阳后，北魏开始了一系列的改革行动，实力更加强大。

◀（北魏）乐人俑

宁夏彭阳北魏墓出土，两个乐人，一个吹角，一个持鼓，都头戴翻沿小帽，是北魏时期军乐队成员的造型。

大将军尔朱荣杀死了胡太后和新帝后，北魏已是日薄西山。尔朱荣立元子攸为帝，即孝庄帝，他仗着自己功勋卓著而渐渐执掌了朝政。可他居功自傲，作威作福，专横跋扈，致使孝庄帝最终设埋伏杀了他，但这依旧挽救不了处于风雨飘摇之中的北魏。

公元420年~公元589年

//////////动荡南北朝//////////

尔朱荣瓦解北魏

的叛乱，金戈铁马，一往无前。尔朱荣由此得到了朝廷的赏识，从平北将军、安北将军一直做到了镇北将军，在官场上可谓平步青云。到鲜于修礼发起叛乱时，他已经都督六州军务了。

金戈铁马起秀容

北魏初年，陕西境内有两个秀容城，其中的北秀容有个叫尔朱川的地方，那里水草丰美，很适合放牧，有一支羯族部落居住于此，酋长划区而治，并将自家的姓氏定为尔朱。尔朱荣就出生在这里。当初鲜卑拓跋氏建国时，尔朱荣的祖父尔朱代勤就跟着拓跋氏南征北战，并立下赫赫战功。此后他当上了肆州刺史，还被封为梁郡公。在他的带领下，尔朱氏家族开始兴盛起来，并以极快的速度壮大。

羯族是个游牧民族，尔朱荣有着家族血统里的骁勇和强悍。不过，据《北史》和《魏书》记载，尔朱荣"洁白、美容貌，幼而神机明决"，可见他是个皮肤很白、长相俊朗、而且聪慧机敏的人，绝不是只会逞匹夫之勇的一介武夫。尔朱荣继承父业后，胸怀大志，重视培植作战力强的将士。此后，他带领四千骑兵北上征讨柔然，铲除了南秀容万子乞真的叛军，平定了秀容郡乞扶莫于

太后乱政，河阴宫变

北魏后期，全国各地起义不断，严重威胁着北魏的统治，也加剧了统治阶层的内部矛盾。胡太后执掌大权后，宠信奸臣，淫乱后宫，贪图安逸，使得北魏统治愈加动荡。孝明帝非常不满母后的行为，不想再让太后干涉朝政，于是母子间的嫌隙越来越大。孝明帝决定铲除朝廷内的乱臣贼子，并从母后手里夺回大权，可他缺乏经验和谋略，就想让外藩将领来援助自己。此时，尔朱荣镇守晋阳，兵力雄厚，他早就按捺不住蠢蠢欲动的野心了，接到孝明帝召他入京的旨意后，他内心狂喜，立即整饬人马，打算直接去洛阳。

然而，孝明帝下了密旨后，又有点后悔，不想这么逼迫母后，因此当尔朱荣率军到了上党时，他又下旨命其暂且驻守在上党，等待圣旨。正当孝明帝犹豫不决时，胡太后已闻知此事，她丝毫不顾及母子情义，竟命人将孝明帝毒死，并让三岁的元钊登基为帝。

尔朱荣得知孝明帝暴亡，就立即和亲信大将元天穆商讨发兵一事，并声称要"匡扶朝廷"，除掉奸臣，替孝明帝报仇，事实上这只

◀（南北朝）塔寺罐

〉〉〉北魏孝庄帝不甘心充当傀儡，设计将尔朱荣杀死。尔朱荣之侄尔朱兆带兵进入洛阳，杀死孝庄帝，另立元恭为帝，元恭即为节闵帝。

▶（南朝）青瓷莲花罐

直口，圆腹，平底，肩部饰六个桥形系，两两一组，系下有弦纹两周，腹部堆塑双层下垂莲瓣纹饰，瓣尖微翘。通体施青釉，釉色绿中闪黄，有细小开片。此罐具有佛教器物的装饰特点。

是在给自己找一个发兵的借口而已。

　　为了师出有名，他还和元天穆商议要改立皇帝。不久，尔朱荣率军向洛阳逼近。经过沁阳时，他和众人商议后，拥立长乐王元子攸登基为帝，是为北魏孝庄帝。新帝将尔朱荣封为侍中、大将军、尚书令、领军将军等，并封其为太原王。尔朱荣借着新帝的威名，摆出了一副要一统天下的架势。

　　尔朱荣顺利地到了洛阳城外，守城将士根本就不想作战，就四散逃命去了。大势已去的胡太后将后宫的所有嫔妃集合了起来，让她们和自己一起出家。

　　翌日，洛阳城门外站满了前来迎接新帝元子攸的朝臣贵族。尔朱荣以"祭天"之名，痛骂了这

◀（北魏）青铜釜

腹部饰两道弦纹，腹下渐收呈圈足形，倒置喇叭状底。这种带双耳的炊具便于携带，显然是为了适应游牧生活的需要。

些人一番，不仅命人在河阴（今河南孟津东）将胡太后和三岁的元钊放进竹笼沉入黄河，还斩杀了两千多名朝臣贵族，历史上把这次骇人听闻的大屠杀称为"河阴之变"。

消除祸患，权势渐大

　　尔朱荣牢固地执掌了北魏的大权，"一人得道，鸡犬升天"，他的十多个弟兄子侄相继被加官晋爵，尔朱家族一时间权倾朝野。

　　当然，尔朱荣也替北魏朝廷平定了很多祸患，他率领将士征讨北方葛荣的叛军，在浴血奋战后，终于除掉了这支势力强大的起义军。

　　阻止了梁朝的入侵是尔朱荣对北魏朝廷的最大贡献。河阴之变后，北魏宗室汝南王元悦、北海王元颢等都逃到南方投奔梁朝去了。正当尔朱荣激战起义军的时候，梁武帝让良将陈庆之护

〉〉〉北魏晋州刺史高欢起兵声讨尔朱氏族人，在信都（今河北冀县）拥立魏太武帝长子拓跋晃的玄孙安定王元朗为帝。

◎看世界／东哥特王被杀　◎时间／541年　◎关键词／狄奥得巴得

卫北海王元颢返回中原。此次战争持续了近一年的时间。在此期间，陈庆之率军战胜了北魏的几十万兵马，迫使孝庄帝舍弃洛阳仓皇逃命。随后元颢在洛阳称帝，并将年号改为建武。

这时，尔朱荣顾不得征战的疲劳，数次大战梁军，但是节节败退。尔朱荣冥思苦想了一番后，决定先下手为强，于是就率军强行到黄河北岸，以此来威胁梁军，并最终取胜。陈庆之带兵返回梁都。失去了支持者，元颢只得出逃，最后死在了临颍县衙役的手里。尔朱荣又一次复兴了北魏，立下了大功，因而被升为天柱大将军，权势越来越大。

专横跋扈，堪比董卓

平定叛变后，尔朱荣再次将孝庄帝扶上皇位。他专横跋扈，欺压民众，干扰朝政，致使北魏的统治越来越腐败。在他的逼迫下，孝庄帝娶了他的女儿，并封其为皇后，此后尔朱荣更是仗着皇上岳父的身份，常常呵斥孝庄帝，言行极为不敬。尔朱皇后对孝庄帝也非常傲慢，完全无视他的尊严。尽管孝庄帝表面上很纤弱，可事实上却很有骨气，这对尔朱父女的嚣张他也不想再容忍了，于是就想尽办法铲除尔朱荣。

530年，尔朱皇后即将临盆。孝庄帝命人去面见尔朱荣，谎称尔朱皇后生下了皇子，命尔朱荣迅速进宫。尔朱荣不知有诈，毫无防备地去了，但这一次尔朱荣进宫没多久就离开了，致使孝庄帝的计划失败。后来，孝庄帝再次召见尔朱荣、元天穆入朝，尔朱荣等人刚坐下，就有伏兵抽刀逼近。尔朱荣逃向孝庄帝身边，孝庄帝抽出刀亲手杀死了尔朱荣，其他人也被乱刀砍死。尔朱荣

去世后，他的侄子尔朱兆自并州发兵攻打洛阳，杀死了孝庄帝及其心腹重臣，改立元恭为帝，即节闵帝。

此后，各地群雄纷争不断，天下大乱，北魏政权已经日薄西山。

◀（北魏）彩绘舞女俑
俑身斜立，面貌丰盈姣好，身材纤长，绾发髻，着广袖紧身舞衣，领开至胸，腰束带，长裙曳地，露云头鞋；右手上举，左手前伸，双袖飞扬掩仰，低舞曼转，婀娜多姿。

〉〉〉梁国太子、著名文学家萧统去世，终年三十岁。其编选的《文选》是我国最早的一部诗文总集，在我国文学史上占有重要地位。

尔朱荣被孝庄帝杀死后，他的侄子尔朱兆又杀死了孝庄帝。大将高欢曾是尔朱荣的部下，他势力壮大后，除掉了尔朱氏集团，毒死节闵帝，立孝武帝，执掌了朝政。后来，孝武帝以为高欢要图谋不轨，便带兵入关中投奔大将宇文泰，高欢于是又立元善见为帝，是为孝静帝，并将都城迁到了邺城，是为东魏，与以宇文泰为首的长安西魏政权形成了对抗之势。

公元420年~公元589年
动荡南北朝
两家分魏始末

时局混乱，祸起萧墙

孝庄帝杀了尔朱荣后，尔朱兆和尔朱世隆二人发兵攻进了洛阳，将孝庄帝缢杀，致使北魏上下混乱不堪。那时，葛荣残部的二十万起义军再次来袭，攻进了北魏的并州、肆州地区，相继发动了二十六次战争。当时，尔朱兆执掌着兵权，他领兵前去平定叛乱，杀死了几万名起义军，可义无反顾的起义军前赴后继，越战越勇，令尔朱兆手

▼（北魏）三熊足大铜盘
内蒙古乌兰察布商都北魏墓出土，高8厘米，直径46.7厘米。盘外缘饰三团卷云。熊形足上原镶有圆形或桃形宝石，现已脱落。

足无措。他只会逞匹夫之勇，僵持不下的局面让他十分气愤，可却想不出对策。

此时，他想到了叔父尔朱荣曾有个大将叫高欢，他对高欢印象很好，觉得这人忠实可靠，有勇有谋，于是就命他主持平定叛乱，并统领六镇降兵，给了他很大的权力。殊不知，正是这个错误的决定，毁掉了整个尔朱家族。

起兵从军，受封晋州

高欢，汉族人，北魏时，家族中有人曾出任太守和右将军之职。后来，高欢的爷爷高谧因别人犯法而受牵连，致使高家全家被流放到了偏僻的怀朔镇（今内蒙古固阳南）。高欢自幼就在边疆和鲜卑族人过着杂居的生活，成年后，他又与鲜卑族女子成婚，因此言行举止已经完全鲜卑化。

高欢年幼时，家中非常穷困，他自幼就知晓世间的人情冷暖，因此非常痛恨那些为官之人，并发誓要有一番作为。史书上评价高欢"深沉有大度，轻财重士"，这与他不一般的生活经历有着很大的关系。早年，高欢就加入了葛荣的起义

〉〉〉高欢攻进洛阳，将尔朱氏和他所立的两个皇帝废掉，另立元修为帝，元修即为孝武帝。

◀（北魏）阿弥陀佛像
通高10.5厘米，铜质，首都博物馆藏。佛像坐姿，身穿圆领通肩大衣，胸前有U字形衣纹。座由覆钵形与四足方座组成。

军。后来，葛荣起义失败，高欢就投靠了尔朱荣。高欢精于射箭和骑马，为人颇有城府，因而很快就得到了尔朱荣的重用，不久就做了卫队长。此后又因战功而被升为晋州刺史，有了自己的兵马。

尔朱荣被杀后，高欢又投靠了尔朱兆，可是尔朱氏家族杀人如麻，权倾朝野。高欢实在是看不下去，渐渐就有了二心，想脱离尔朱氏，自己去单干一番事业。恰在此时，起义军又一次叛乱，高欢平叛时再次立功。之后，高欢快速赶往并州，将那里的流民集中在一起，并依照部队编制安排他们，势力飞速发展。

不久，尔朱兆、尔朱世隆等人在朝中激烈争斗，洛阳城内一片混乱。高欢认为除掉尔朱氏势力的时机已经成熟，就率领大军自并州去了山东。在山东稳定下来后，高欢就打算公然和尔朱氏势力对抗。此时，高欢的属下孙腾说道："如今尔朱氏独揽朝权，我们师出无名，不如先立个皇帝，否则军心迟早会动摇。"

于是，高欢就扶立渤海太守元朗为帝，而他自己则做了大丞相和柱国大将军，掌握了大权。

高欢起兵，灭尔朱氏

531年，高欢自信都（今河北冀县）发兵，充满信心地公然挑战尔朱氏势力。两军对阵时，尔朱氏的兵力虽然具有绝对的优势，但高欢和属下一同商议应对之策时，大将段韶胸有成竹地说道："尽管他们比我们人多，可那也不表示天下人都拥护他们。尔朱兆这些人杀死了皇帝，还屠杀朝臣，残害百姓，人民能不憎恨他们吗？主公您征讨他们是顺乎民意，必定会势如破竹，他们根本抵挡不住。"

经过一段时间的休养后，高欢就率领两千骑军和三万余步兵，在临近邺城的韩陵山摆开了阵势。他向兵卒宣称此战将会孤注一掷，不留退路，要想活命就要奋战到底。众将士在他的鼓励下，意气风发，都决心决一死战。

没多久，尔朱兆率领将士赶了过来，他远远地看见高欢，就怒喝道："你竟然背叛我，我做了什么对不起你的事吗？"

高欢义正词严地说道："你们尔朱氏家族不仅害死了皇帝，还肆意横行，致使国家动荡，简直是罪大恶极，不可饶恕，我不过是顺应民心替百姓除掉你罢了。"一听这话，尔朱兆怒吼了一声，立即率领兵马冲杀过来。起初，尔朱兆由于极端愤怒，左冲右突奋力厮杀，占据了优势，可是没过多久，高欢的数名手下就自侧面率军冲杀过来，致使尔朱兆军大乱。

尔朱兆平日里很少管教将士，军队纪律也不严明，此刻将士们乱作一团，七零八落。高欢仅用三万兵马，就很快战胜了尔朱兆的二十万大军。

此后，被逼无奈的尔朱兆被逼自缢，尔朱世隆也被斩首，高欢顺利铲除了尔朱氏势力。

政权分裂，两魏并存

高欢执掌朝政后，就让平阳王元修登基为帝，即孝武帝。之后，孝武帝担心高欢的权势太大，就想举兵消灭他，却被高欢所洞悉。

534年，孝武帝逃离洛阳，投奔了关中的鲜卑贵族宇文泰，并留在了长安，封宇文泰为大将军，总揽朝政。高欢数次请求孝武帝回洛阳不成，最后只得在洛阳又扶立了新帝元善见，是为孝静帝，并将都城迁到东边的邺城，建立东魏。宇文泰杀死了逃亡关中没多久的孝武帝，改立元宝炬为帝，即文帝，西魏政权也就此形成。自此，北魏就陷入了分裂的局势。

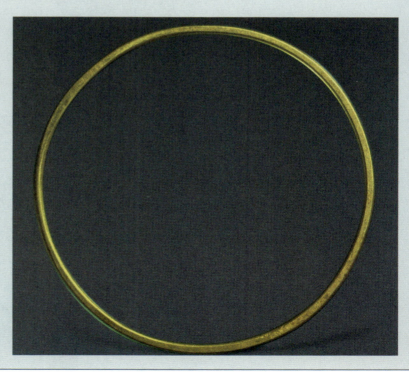

▶（北朝）金镯

北京顺义临河村北朝墓出土，首都博物馆藏。直径6.6厘米，重14.9克，环形，纤细，光素无纹，样式简单大方。

北魏分裂为东魏、西魏后，高欢成为东魏的实际掌权者，但他并没有自立为帝，因为他害怕被人诟病，可他的儿子就没这般小心谨慎了。高欢死后，他的长子高澄已经准备好要登基为帝了，可不幸被仇人杀死。高澄没能当上皇帝，其弟高洋则顺水推舟，在他的逼迫下，孝静帝只得退位。高洋登上了皇位，建立北齐。北齐的君主大多性情暴戾，无所作为，这个王朝仅存在了二十多年就灭亡了。

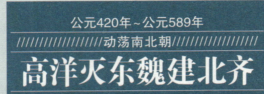

公元420年～公元589年
////////////动荡南北朝////////////
高洋灭东魏建北齐

大智若愚，深藏不露

北齐的开国之君是高洋，其父高欢身居高位，权倾朝野，但害怕别人非议，因此一直到辞世也没有篡位称帝。

高洋一直都生活在父亲和哥哥的阴影里，他虽看起来有些迟钝，但事实上却是个很有心计的人。

高洋的长相并不出众，甚至有些丑陋，因此其他的弟兄常常会嘲弄他，特别是大哥高澄非常看不起这个长相丑陋、愚笨木讷的弟弟，还曾在众人面前嘲讽他："长成这样都能生

▶（北齐）观音菩萨像
通高8.3厘米，铜镀金，首都博物馆藏。头戴三叶花冠，身着圆领通肩袈裟，不饰衣纹。面庞圆润，刻画简略。身体呈三折枝式，体现出一种女性特有的柔美。

于富贵之家，先辈传下来的相书的阐释还真是让人费解！"

起初，高欢也不怎么待见这个相貌平平的儿子，可一次他不经意间问起高洋对目前局势的看法时，高洋的回答见解独特，阐释精辟，高欢这才发现这个儿子很有才能，从此就对他另眼相看。

一次，高欢分给每个儿子一路兵马，命他们各自行动，之后又命属下彭乐领着骑军假意要攻打他们。高澄和几个弟兄认为彭乐兴兵谋反，都胆战心惊，不知所措。

可高洋却镇定自若，他自告奋勇地站了出来，与彭乐展开了激战，最后彭乐实在是招架不住，就说这都是高欢的布局。高洋捉住了彭乐，把他押到了高欢跟前，高欢甚是高兴，称赞高洋不是普通人。

承父之志，建立北齐

高欢去世后，高澄接替了他的位置，做了大将军。此时，孝静帝有名无实，高澄很早就想自己称帝了，可是还没来得及准备，就被战俘奴隶梁人兰系刺死了。此后高洋果敢地镇压了叛军，继承了哥哥的职位，孝静帝还封其为丞相、齐王。550年，在高洋的逼迫下，东魏孝静帝将皇位让给了高洋。高洋改国号为齐，史称北齐。

高洋执政初期勤政爱民，因此

〉〉〉北魏孝武帝想消灭高欢，计划失败，只得逃至长安投奔关西大都督宇文泰。高欢在洛阳立孝静帝元善见为帝，东魏建立。

没多久北齐就兴盛了起来。他善于领兵作战，当西魏宇文泰领兵侵犯东魏时，他亲自领兵抵抗敌军。宇文泰见北齐军容整齐，就命令将士撤军。此后，高洋还攻打了柔然、契丹、高丽等国，都大胜而归。那时，北齐在农业、盐铁业、瓷器制造业上都处于领先水平，国家富足。如果高洋能一直励精图治，或许他会成为中国历史上为数不多的年轻有为的贤明君主之一。可是，他后来骄横跋扈，肆意妄为，因此不仅没有名垂青史，还一直被后人诟病。

酒后无德，杀戮无数

北齐越来越繁荣之后，之前那个清明的国君却消失了，高洋觉得自己已经坐稳了皇位，志得意满，脾气也渐渐变得暴躁乖戾。他整日到处游玩，还常常涂脂抹粉，披头散发，身着奇装异服，带着弓箭和大刀在闹市上游逛。他甚至不顾严寒酷暑，一丝不挂地四处闲逛，使得随从们也都不敢穿着衣服出去，叫苦不迭。

高洋还觉得皇宫又窄又旧，就调派三十万工匠修筑了几座新宫。这些宫殿有二十七丈高，殿与殿之间有二百余尺的距离。工匠们施工时担心自己一不留神摔下去，就将绳子系在腰间以防不测。可高洋却不怕，他不仅在屋顶上疾行，还能摆出各种姿势，随心所

▲（北朝）金龙

古代匈奴族和鲜卑族都尊龙为神，将其视为最高权力的象征，这点和中原文化不谋而合。这条金龙是用金丝编缀而成的，环环相套，盘曲自如，上面还有七件吊牌装饰，为王族所用之物。

欲，手舞足蹈，丝毫不顾忌自己皇帝的身份。

高洋喜怒无常，不仅整日酗酒，还常常为了取乐而滥杀无辜，经常变着花样摧残和杀害身旁的人。有时他在金銮殿上摆放大镬、长锯、锉、碓等工具，只要看谁稍不顺眼，便以刀剑相逼，除之而后快。大臣卢斐、李庶和韩哲等也没能幸免，都惨死在他手上。

在高洋眼里，辅佐朝政的丞相杨愔不过是个奴隶，他只要一时兴起就令人鞭打杨愔，且每一鞭都要见血，直至浸透盈袍。可就算这样高洋仍不满足，还打算拿刀将杨愔的肚子剖开，幸亏崔季舒在旁边说笑话逗乐转移其注意力，杨愔才逃过了一劫。

尚书右仆射崔暹过世后，高洋去崔家参加丧礼，见了崔暹的妻子李氏时，就又起了恶毒的念

▶（南朝）透空龙纹白玉鲜卑头

根据上面的铭文，可以确定此物为南朝宋文帝刘义隆的御用品。

头。他问李氏是否想念过世的夫君，李氏答道："没有一天不想念。"高洋恶狠狠地说道："既然你这么想念他，那就随他而去吧。"话音刚落，李氏的头颅已被高洋拿刀砍下，随手扔到墙外去了。为了能活命，大臣们只得把一些死囚放在宫中，以便在关键时刻替代那些被高洋摧残的大臣和妃子，但高洋杀人如麻，死囚也不够他杀，所以朝臣们只能让那些待审的囚犯进宫顶替。他们每天都提心吊胆，生怕不明不白地丢了性命。

殴母不孝，好酒早亡

高洋嗜酒如命，经常没日没夜地喝酒。酒醉之后六亲不认，无恶不作，荒唐至极。一次，他醉醺醺地跑到太后的寝宫里惹事，还打了太后。清

醒后，他去向太后赔罪，并跪在地上发誓不再喝酒，可几天后，他又开始酗酒了。

还有一次，他突然心血来潮，跑去岳母家找乐子。丈母娘崔氏在门口恭迎他，可高洋却无端地冲她的脸上射箭，致使崔氏满脸鲜血。崔氏非常吃惊，就问他为什么要这么做，他开口怒喝："我喝醉了时，连太后都敢打，你这老不死的竟然问我原因？"

559年，高洋患上了重病，如硬物在喉，食不下咽，没多久就命赴黄泉，终结了癫狂、暴戾的一生。

▼《北齐校书图》（局部）
此图描绘了北齐天保七年（556）文宣帝高洋命樊逊等人刊校五经、诸史的场面。

〉〉〉宇文泰毒杀孝武帝，立南阳王元宝炬为帝，西魏建立，宇文泰总揽西魏朝政。

北魏分裂为东魏、西魏后，宇文泰成为西魏的实际掌权者。他毒死了孝武帝，改立南阳王元宝炬为帝，即文帝。宇文泰与高欢一样，也没有自立为帝。他死后，其侄宇文护迫使魏恭帝退位，并立宇文泰第三子宇文觉为帝，即孝闵帝，国号改为周，史称"北周"。

公元420年～公元589年
//////////动荡南北朝//////////
北周代西魏

出身草莽的宇文泰

宇文泰，代郡武川（今内蒙古）人，出生于一个下级武将家中。据史书所载，他"少有大度，不事家人生业，轻财好施"。北魏后期，六镇起义爆发，宇文泰就跟随在鲜于修礼和葛荣帐下。葛荣起义军被铲除后，他又去了晋阳，成了尔朱荣的手下，之后因战功赫赫而做了关西大行台贺拔岳的左丞，并成了贺拔岳的亲信。

532年，高欢改立元修为帝（即孝武帝），自己则成了北魏宰相。可他骄纵妄为，高傲自大，孝武帝对他很不悦。为了抗击高欢，孝武帝想依靠贺拔岳，希望他发兵对抗高欢。可高欢买通

了贺拔岳的属下秦州刺史侯莫陈悦，此人骗贺拔岳进入大营并杀了他。

贺拔岳被杀后，其属下推举宇文泰为将领，立誓为贺拔岳复仇。宇文泰率兵直接去了侯莫陈悦陕西的家乡。侯莫陈悦毫无防备，慌忙迎战，相继丢掉略阳（今甘肃清水北）和上邽城（今甘肃天水），他知道自己已无力回天，只得逃进荒山自杀而亡。此后，宇文泰占领关中，渐渐地稳固了自己的势力，并成为关中一带的领袖。

独领西魏，励精图治

孝武帝一向和高欢有嫌隙，贺拔岳死后，他见占领关中的宇文泰势力很强大，并经常自表忠心，就想投奔宇文泰。

534年，由于和高欢矛盾日深，孝武帝逃离了洛阳，投靠了宇文泰，并封其为大将军、雍州刺史兼尚书令。从此，北魏分裂为东、西两魏，宇文泰占领长安，支持孝武帝；高欢镇守邺城，扶立孝静帝元善见。然而，孝武帝骄纵荒淫，与宇文泰的矛盾越来越深。最终，宇文泰命人毒死了孝武帝，改立南阳王元宝炬为帝，即文帝。

宇文泰个性沉稳，心胸开阔，而且竭尽全力地处理朝政，尽职

▶（北朝）青瓷仰覆莲花尊
北朝封氏墓出土，高63.6厘米，口径19.4厘米。采用画花、贴花、刻花等技法，自上而下制出团花、团龙、神兽、莲瓣等华美纹饰。通体施青灰色釉，灰中泛绿，晶莹光润。

▲（北朝）《猎兽图》砖画
线条粗放古朴，画工删略了与主题无关的情节，突出表现最主要、最生动的一瞬间，从而使画面充满了情趣。

尽责。他很清楚自己现在执掌的关中地区土地贫瘠，人口稀少，经济不发达，所以他必须采取一些措施，并尽力拉拢关陇的强权势力来帮助自己，这样西魏才有能力抵抗东魏，稳固政权。

良臣苏绰忠于国事，并写出"六条诏书"，建议宇文泰以此改善现状：第一，治心身，即为官要心和志静，注重品行；第二，敦教化，即对待百姓要做到仁慈、包容；第三，尽地利，即要大力促进农业生产，坚决整治好逸恶劳之风；第四，择贤良，即选拔官吏时不要以出身门第为依据，而要看其才华和品行；第五，恤狱讼，即审判案件时要公正；第六，均徭役，即要关注民生，减轻农民的负担。按照这些要求，宇文泰开始竭力整饬吏治，改良选官之制，把辅政大臣分成六官，这也是后来隋唐三省六部制的基础，可以说影响深远。宇文泰执政期间勤政爱民，很有作为，府兵制就是他创建的。在宇文泰和苏绰大刀阔斧的改革下，西魏日益强盛。在这期间，由于东西二魏并存，宇文泰和高欢展开了五次较大的激战。虽然东魏在兵力和实力上占据着绝对优势，高欢自己也是久经沙场的骁将，可这五次激战他大多以失败告终，不仅没从西魏得到好处，还极大地损耗了国力，

◀（北朝）骑马俑
河南洛阳出土。陶质彩绘，俑头戴笼冠，身着长袍，雕塑工艺及造像能力较此前有很大提高。

〉〉〉梁武帝萧衍的母舅昙裕法师从
柬埔寨求得佛舍利，回到广州。广州
刺史萧裕为迎佛宝，特地修建"宝庄
严寺"，这是广州最早的佛塔。

为后来取代东魏的北齐积贫积弱埋下了祸根。556
年，宇文泰离世，那时他的几个儿子还很小，因此
他的侄子宇文护执掌了大权。

机关算尽，反丢性命

　　宇文泰死后，宇文护就迫使魏恭帝退位，立
宇文觉为帝，改国号为周。他自己则当了大司马，
成了晋国公。

　　宇文护生性虚伪，他常自比周公，看似不想
做皇帝，但却贪图名利，独揽朝政，意图不轨。他
生性多疑，因此皇帝身旁有许多他的眼线，监视
着皇帝的一切言行。宇文护的野心日渐膨胀，宇
文觉也渐渐开始防备他，认
为他这样专横，迟早会篡权
夺位，因此就想找时机铲除
宇文护。

　　宇文护心狠手辣，他
察觉到宇文觉对自己已经有
所戒备，而且私下里还有许
多安排，因此就立即废掉了
宇文觉，改立宇文泰的另一
个儿子宇文毓为帝，即周明
帝。可是，宇文毓很聪慧，
他也不甘心受制于人，宇
文护害怕自己控制不了周明
帝，就毒死了他。有了这两
次经验，宇文护再扶立皇帝
时，就挑选比较愚笨的人。

仔细地找了一圈后，他就看中了宇文泰的四儿子
宇文邕。宇文邕寡言少语，看似木讷平庸，而且比
较年轻，不知世事，很符合宇文护的要求，因此宇
文护就决定立他为帝。

　　560年春，北周举行了庄重的登基典礼，宇文
邕就这样登上了帝位，是为周武帝。这一次，宇文
护又挑错了人，宇文邕并非庸碌无能之辈，他之
所以掩饰自己的能力，就是不想让宇文护察觉。
表面上，他尊重和礼让宇文护，对他言听计从，可
暗地里却时刻想着为哥哥们复仇。

　　572年，蛰伏十二年的周武帝终于等到了好时
机，亲手杀死了宇文护。此后，周武帝就掌握了朝
政，并开始励精图治，以期复兴北周。

▶（西魏）诸天（壁画）
位于敦煌莫高窟第二百八十五窟。诸
天，即住在天上的众多天神，在莫高
窟中一般绘于佛龛两侧，突出其护法
神的地位。

公元420年~公元589年
//////////动荡南北朝//////////

北周灭北齐

北齐最繁荣的时期就是文宣帝高洋执政之时，此后的帝王都非常昏庸残暴，致使国势日衰。齐后主高纬更是荒淫无度，整天与宠妾寻欢作乐，不理朝政。而此时的北周却是厉兵秣马，枕戈待旦。577年，北齐与北周经过短暂的对峙后，周武帝宇文邕灭北齐，统一了中国北部。

锐意进取，后来居上

北齐建立后，高洋在执政初期的确是有所建树，他亲率兵马相继战胜了库莫奚、契丹、柔然和山胡等少数民族势力，之后又南下攻打淮南，将自己的势力扩展到了长江岸边。在他的治理下，北齐进入了最鼎盛的时期。

当时，北齐在农业、盐铁业、瓷器制造业上都处于领先地位，与陈朝和北周比起来，也是最富足、强大的。可是这么繁荣的局面只是昙花一现。高洋执政末期，举止怪异，残酷暴虐，因此，由他亲手创建的北齐就慢慢衰败了。继高洋之后的几个国君在治国上都昏庸无能，而在败坏祖业上却是极尽其能。正当北齐国君贪图安逸时，北周已经慢慢地强大起来，尤其是经过

周武帝的一番改革，更是焕然一新，国力不断提升，社会经济稳步向前发展。

宠信奸佞，诛杀忠良

武成帝高湛死后，齐后主高纬登基为帝。高纬依然残酷暴虐，在年幼时就做过不少坏事，更别提成年之后了。据史书记载，高纬"幼而令善，及长，颇学缀文"，看来幼年时他还算是个勤奋好学的孩子。可是皇室中的人无一能够幸免于宫廷争斗厮杀，在刚登基时，他也遇到了亲弟弟高俨的挑衅。

高纬先是拿箭射杀了高俨的党羽，可还是觉得气愤，就以狩猎为名骗高俨进宫，然后就不留情面地杀了他。为了杜绝后患，高纬还杀死了高俨四个遗腹子，并谎称"生数月而幽死"。昏君和奸臣总是联系在一起的。贤臣良将奋力地保家卫国，却总是无端地被诬陷，死在奸臣手上。北齐就有这样一位良将惨遭此种下场，他就是立国良将斛律光。

高车族人斛律光生于军人世家，父亲斛律金跟着高欢出生入死，此后斛律氏家族人人效忠于高家人。斛律光做了朝中的大臣后，率军南征北战，战功赫赫，名震四方，北周的大将军韦孝宽就非常怕他。斛律光恪尽职守，帮高纬稳固了政权，并尽心辅助朝政。他刚正不阿，不追名逐利，非常鄙视朝中的奸臣穆提婆和祖珽，自然也不愿和这些人共事。

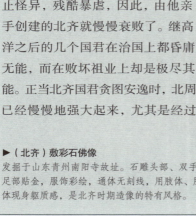

▶（北齐）敷彩石佛像
发掘于山东青州南阳寺故址。石雕头部、双手和足部贴金，服饰彩绘，通体无刻线，用肢体、肌肉体现身躯质感，是北齐时期造像的特有风格。

〉〉〉西魏丞相宇文泰派酒泉胡商
安诺槃陀出使突厥。

▼（北齐）铜弥勒像
山东博兴崇德村出土。单体弥勒像，身后背
光甚大。背光后面刻有"河清三年（564）乐
陵县孔昭弟造弥勒像一躯"的字样。

瞎子祖珽能说会道，高纬非常宠信他，于是他就骄横霸道，还挤对朝廷贤臣。斛律光很不满他这种媚上欺下的作风，曾暗暗地里感叹道："北齐朝中无人了吗？这么一个瞎子都能入宫得势，如此看来，国家离灭亡也不远了。"祖珽听说后甚是气愤，就处处排挤斛律光。穆提婆的母亲是高纬的奶娘，因此穆提婆也是骄横恣肆，在朝中胡作非为。

这二人因被斛律光鄙视，非常愤懑，就到处散播谣言，还在皇帝面前诬陷斛律光。高纬本就没什么主见，一经这二人挑拨，就真的猜忌起斛

律光来。

那时，斛律家权倾朝野，且有很多忠诚的属下，不仅朝中有很多亲属党羽，连皇后也是斛律光的女儿。于是高纬认为斛律光废掉自己、篡位称帝是极有可能的事，或许现在他们就在部署呢。

这时，祖珽又再次诬陷斛律光，说他在家中私藏了大量兵器，而且和其弟斛律羡交往甚密，他们一定想谋权篡位。高纬得知此事后非常震惊，决心立即除掉这个隐患。于是，高纬和祖珽设局骗斛律光进宫，并命身旁的侍卫从背后偷袭，杀死了他，之后宣称斛律光意图谋反，已被处死。没过多久，高纬下令处斩了斛律家的人，又找借口废掉了皇后斛律氏。

中国有句古话："三世为将，必有祸殃。"斛律家的成员个个都是英豪，忠心耿耿保家卫国，立下汗马功劳。没想到，最终却落得个被灭族的下场，真是千古奇冤。

斛律家族覆灭后，北齐再无良将，其灭亡的命运已经无可挽回了。

沉迷女色，断送江山

唐代著名诗人李商隐曾写过两首《北齐》诗，其中一首是："一笑相倾国便亡，何劳荆棘始堪伤。小怜玉体横陈夜，已报周师入晋阳。"诗中的"小怜"说的就是高纬所钟爱的妃子冯小怜。

高纬生活淫乱，相继立过三个皇后，最后所立的就是婢女冯小怜。小怜擅长歌舞，美若天仙，高纬偶然遇见，就被她迷得神魂颠倒。没多久小怜就做了贵妃，集万千宠爱于一身。高纬与之形影相随，甚至和朝臣商议事情时，也毫不忌讳地让小怜躺在怀中。朝臣全都不敢正眼相看，常常羞得面红耳赤，甚至讲话也是颠三倒四，忘记该奏的事情，只得悻悻而回。

高纬宠幸小怜甚至到了荒唐的地步。当时，北齐国力日益衰弱，周武帝率领大军来攻打北齐。国难当头，高纬却视同儿戏，只顾着讨小怜欢心。北周兵马强攻晋州时，他还在狩猎，收到消息后打算调遣兵马前去迎战，可小怜兴致正高，就撒娇道："我们再打一围吧。"高纬就又打了一围，等他们狩猎结束时，晋州已经被占了。

后来高纬打算领军前去反攻平阳，冯小怜也要求随军观战，高纬欣然同意。军队到平阳城时，是趁势攻打城池的最佳时机，可高纬却忽然下令暂停前进，因为小怜要观看战事。

这小怜慢悠悠地在镜前涂脂抹粉，精心打扮，等她打扮好了，北齐军队已经错过了最佳战机。之后冯小怜又说大风天不适宜观战，致使北齐军一再延迟作战时间。直到北周援军赶到，双方连续数日血拼，北齐军惨败。高纬竟然说道："吃了败仗也没什么大不了的，只要小怜没事就好。"

高纬轻信奸臣之言，沉迷女色，不理朝政，最终身死国亡，真是自食其果。

◀（北齐）女官俑
女官立像，修眉上耸，双眼前视，头戴笼冠，着右衽大袖衫，长裙长裤，束腰带，足穿圆头鞋，左手轻提裙裾。